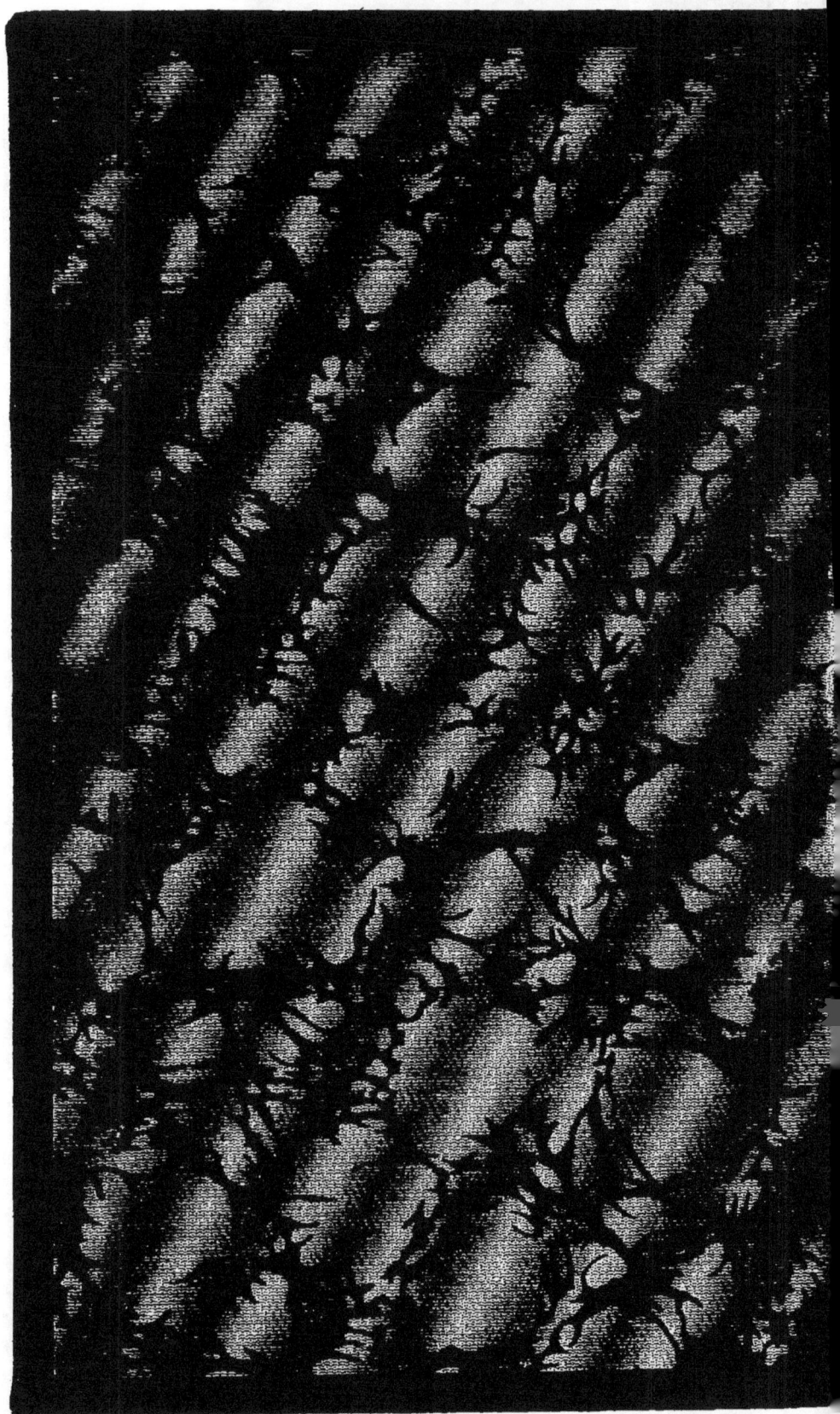

a

1812

SOUVENIRS D'UN MÉDECIN
DE LA
GRANDE ARMÉE

Copyright by Perrin et Cie, 1913.

HEINRICH ROOS

1812

SOUVENIRS D'UN MÉDECIN

DE LA

GRANDE ARMÉE

Traduits de l'allemand, d'après l'édition originale de 1832

Par Mme LAMOTTE

Avec une Préface de T. DE WYZEWA

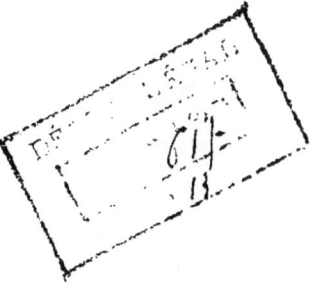

PARIS
LIBRAIRIE ACADÉMIQUE
PERRIN ET Cie, LIBRAIRES-ÉDITEURS
35, QUAI DES GRANDS-AUGUSTINS, 35
1913
Droits de reproduction et de traduction réservés pour tous pays.

PRÉFACE

Les *Souvenirs* du médecin militaire H. Roos ont été publiés pour la première fois en 1832, à Saint-Pétersbourg, chez l'imprimeur Karl Kray : l'auteur, qui lui-même demeurait alors en Russie, ne s'était pas mis en peine de leur trouver un éditeur dans sa patrie allemande. L'édition, aujourd'hui devenue très rare, portait un titre qui, de son côté, n'était guère fait pour attirer la curiosité du public : *Une année de ma vie, ou mon Voyage depuis la rive occidentale du Danube jusqu'à la Nara, et mon retour jusqu'à la Bérésina, en compagnie de la Grande Armée de Napoléon, pendant l'année 1812.* Suivaient le nom de l'auteur, H. U. L. Roos, et la longue énumération de ses titres : « Docteur en médecine, conseiller d'État impérial de Russie, chevalier de 2ᵉ classe de l'ordre de Sainte-Anne, de 4ᵉ classe de l'ordre de Saint-Vladimir, et de l'ordre royal wurtembergeois du Mérite Civil ; médecin principal de l'Hôpital de l'Impératrice Marie, de la Fondation Sainte-Catherine, et de l'École de Commerce ; membre de la Société Impériale de Minéralogie ; ancien médecin principal du 3e régiment de Chasseurs à cheval wurtembergeois pendant la campagne de Russie. »

C'est dire que le livre de Roos risquait grandement de passer inaperçu à la date, déjà lointaine, de son apparition ; et le fait est qu'un profond oubli l'avait submergé depuis longtemps lorsque, l'année dernière, l'un des chercheurs allemands qui connaissent le mieux toute la période napoléonienne, M. Paul Holzhausen, a eu l'heureuse idée de réimprimer un ouvrage dont l'éminente portée historique l'avait frappé tout de même qu'elle ne pourra pas manquer de frapper les lecteurs français de la consciencieuse traduction française de Mme Lamotte. Car le fait est aussi que peu de livres méritaient autant que celui-là de nous être connus. Vivants et colorés à l'égal d'un roman, avec cela tout remplis de vigoureux portraits, de scènes inoubliablement pathétiques ou pittoresques, les *Souvenirs* de Roos nous arrivent à point pour satisfaire le grand et légitime élan de curiosité qui nous porte à vouloir nous représenter sous leurs aspects les plus intimes, et dans leur réalité la plus minutieuse, les moindres incidents de la catastrophe d'il y a cent ans ; et aussi ne saurions-nous être assez reconnaissants à M. Paul Holzhausen de nous avoir révélé ce précieux document, ni, non plus, à Mme Lamotte de nous en avoir offert, d'après l'édition originale de 1832, une traduction à la fois très fidèle et très élégante, parvenant sans trace d'effort à nous rendre le relief et l'allure véritables, toute l'entière saveur du texte original.

L'exhumation du livre de Roos n'est pas, d'ailleurs, le seul service qu'ait rendu M. Holzhausen à tous ceux d'entre nous que touche profondément le souvenir de la tragique aventure de 1812. Précisément au cours de ses recherches en vue de la longue introduction historique et des notes explicatives qu'il s'était proposé d'adjoindre au récit du médecin wurtembergeois, l'éminent érudit a découvert que les diverses archives publiques et privées de l'Allemagne conservaient encore une foule d'autres relations, inédites ou entièrement oubliées, d'officiers et de soldats allemands de la Grande Armée. A Munich, à Dresde, à Berlin, à Stuttgart, presque dans chacune des capitales allemandes, il a mis la main sur toute sorte de vieux volumes poussiéreux, toute sorte de vénérables cahiers manuscrits, dont les uns contenaient de précieux mémoires autobiographiques de combattants bavarois, saxons, prussiens de 1812, tandis que d'autres, plus curieux encore, se trouvaient être des « journaux » intimes, rédigés chaque soir pendant la campagne.

Dans le gros livre où il a recueilli le contenu principal de cette centaine de relations allemandes, M. Holzhausen a notamment reproduit en fac-similé deux pages d'un tel « journal », continué avec une obstination merveilleuse, au milieu des plus terribles épreuves, par un jeune lieutenant bavarois. A partir du 27 novembre, veille du passage de la Bérésina, l'écriture de l'officier allemand se brouille, devient de plus en plus difficile à déchiffrer : mais le lieutenant Munnich n'en persiste pas moins à tenir son journal. Il note que, le 28 novembre, il a « franchi le pont ». Le 29 novembre, il griffonne péniblement ces quelques mots : « Resté couché. Alarme et alerte. » Encore une ligne le 30 novembre, et une autre le 31, celle-là tout à fait illisible. Après quoi le journal s'arrête ; et quelques lignes écrites par Munnich plus tard, d'une main étrangement dissemblable de celle qui nous avait fait voir les dernières pages, nous apprennent que « l'état de ses doigts, à demi gelés », l'a empêché d'inscrire ses étapes suivantes.

I

C'est donc de relations d'une foule de membres allemands de la Grande Armée qu'est fait un gros ouvrage dont je voudrais essayer de noter rapidement ici les conclusions les plus intéressantes, — par manière de préparation et quasi d'appendice, tout ensemble, aux émouvants *Souvenirs* du médecin wurtembergeois. Et tout d'abord je dois signaler l'impression singulière qui se dégage pour nous, lecteurs français, d'un récit tel que celui-là, où des événements qui nous étaient familiers nous sont racontés à nouveau par un groupe nombreux de témoins inconnus, apportant à leur témoignage des sentiments et un tour de pensée tout différents de ceux des narrateurs français de la campagne de 1812. Que l'on imagine un Hollandais ou un Brésilien qui, sans savoir un mot de français, se serait trouvé mêlé de très près à notre tragédie révolutionnaire, et qui maintenant nous décrirait à sa façon les plus mémorables journées de la Terreur ! Car M. Holzhausen semble s'être fait un devoir, ou encore un point d'honneur, de dérouler sous nos yeux le tableau complet de la campagne de Russie sans presque jamais recourir à des documents d'origine française. Il a voulu que chacune des scènes successives du drame, grandes et petites, depuis l'incendie de Moscou jusqu'à la plus insignifiante des escarmouches quotidiennes de la retraite, nous fût exposée par l'un ou l'autre des Allemands qui y avaient pris part, — interrogeant d'ailleurs aussi volontiers les soldats que leurs généraux, et nous révélant à cette occasion certaines figures d'humbles lieutenants, caporaux, et troupiers allemands qui mériteraient de prendre place dorénavant, dans notre sympathie, à côté des figures immortelles d'un capitaine Coignet ou d'un sergent Bourgogne.

Non pas, pourtant, que ces Allemands de la Grande Armée, y compris même ceux dont les souverains subissaient le plus à regret la domination napoléonienne, non pas que ceux-là mêmes différassent bien sensiblement de nos « grognards » français dans leurs sentiments à l'égard de l'Empereur. Aussi longtemps, du moins, que Napoléon est demeuré à leur tête, leurs relations, tout de même que celle de Roos, nous les montrent unanimes à l'admirer passionnément, à se consoler de tous leurs déboires en croyant profondément au triomphe final de son génie, et puis, lorsque la catastrophe est devenue évidente, à le plaindre avec le souhait et l'espoir inaltérables d'une prompte revanche. Voici, par exemple, ce que nous raconte, au début de ses curieux *Souvenirs*, un lieutenant prussien dont le père a été autrefois anobli par Frédéric le Grand, en récompense de son zèle patriotique contre les Français :

Les trois quarts de la Grande Armée étaient faits d'hommes appartenant à des nations dont les intérêts allaient tout juste à l'opposé de la guerre commençante. Et plusieurs d'entre nous avaient conscience de cela, comprenant bien que, au fond de leurs cœurs, ils devraient souhaiter la victoire aux Russes plutôt qu'à eux-mêmes. Mais il n'en est pas moins sûr que toutes les troupes allemandes ont fait preuve d'une loyauté parfaite, toujours prêtes à combattre, le moment venu, comme s'il s'agissait de défendre leurs propres intérêts. les plus sacrés. Celui qui n'avait pas devant les yeux un objet plus haut, celui qui ne luttait pas pour sa patrie, comme les Polonais, voulait du moins exalter son honneur personnel et l'honneur de sa nation, en ne permettant à aucune autre race de le surpasser. Ainsi est née, de cette multiplicité même d'élémens nationaux différens, une incessante rivalité d'endurance et de bravoure. Quelque jugement que l'on portât, à part soi, sur Napoléon, qu'on l'aimât sans réserve ou qu'on le haït, il n'y avait à coup sûr personne, dans toute l'armée, qui ne le tînt pour le plus grand et le plus expérimenté des capitaines de tous les temps, personne qui n'éprouvât une confiance illimitée dans son génie et dans l'infaillible réussite dernière de ses combinaisons. En tout endroit où l'Empereur daignait se laisser voir, le soldat, français ou allemand, se croyait assuré du triomphe ; et à peine l'avait-on aperçu que, de tous côtés, mille voix criaient : *Vive l'Empereur !* L'éclat aveuglant de sa grandeur m'avait dominé, moi aussi, et m'avait bien vite amené à ressentir un enthousiasme respectueux, que j'exprimais, en joignant ma voix à celle de mes compagnons pour crier : *Vive l'Empereur !* de toute la force de mon cœur et de mon gosier.

Ou bien, qu'on lise ces quelques lignes où un médecin militaire de l'armée grand-ducale de Saxe-Weimar nous décrit sa dernière rencontre avec Napoléon, le matin même du départ précipité de l'Empereur pour Paris :

Napoléon portait une pelisse verte ornée de galons d'or, et un bonnet de la même fourrure. Il paraissait grave et recueilli, mais en excellente santé. Nous contemplions, à quelques pas de distance, cet homme tout-puissant, pendant que les généraux Gratien et Viviès, avec le colonel de notre régiment, s'étaient groupés en demi-cercle autour de la calèche. On s'entretenait de l'assaut qui venait d'avoir lieu (dans la bourgade d'Oszmiany, où les terribles Cosaques de Seslawine, dans la nuit du 5 décembre, avaient attaqué la division franco-allemande du général Loison, et auraient sûrement réussi à s'emparer de l'Empereur, sans l'héroïque résistance de la petite troupe). L'assaut semblait inquiéter tout particulièrement Napoléon, qui croyait sans doute que déjà l'ennemi se trouvait informé de son départ. La personnalité de cet homme extraordinaire, les traits de son visage, le souvenir des grandes actions au moyen desquelles il avait bouleversé son temps, tout cela nous contraignait involontairement à éprouver pour lui une admiration mêlée de respect. La voix que nous entendions, n'était-ce pas celle-là même dont les moindres murmures retentissaient à travers l'Europe, décidant du sort des royaumes, et élevant ou anéantissant à leur gré toutes les renommées ?

Comme l'écrit encore un autre officier prussien, « l'indifférence avec laquelle toute l'armée a assisté à l'incendie de Moscou, la pleine certitude de vaincre qui, jusqu'au bout, rayonnait des yeux de tous les soldats, tout cela prouve assez clairement que ces masses guerrières, à quelque nation qu'elles appartinssent, avaient l'impression de former un grand tout homogène, et se trouvaient résolues à agir en conséquence ». Oui, telle est bien la conclusion qui ressort pour nous du récit de M. Holzhausen. Mais il n'est pas tout à fait vrai que cette profonde et admirable « homogénéité » se soit prolongée « jusqu'au bout » de la campagne. Elle a duré aussi longtemps que la Grande Armée s'est trouvée sous la direction personnelle de l'Empereur, pendant toute la période, en somme, où vont nous faire assister les *Souvenirs* de Roos, capturé par les Russes au moment du tragique passage de la Bérésina : mais il a suffi ensuite du départ de Napoléon pour détruire irréparablement cette union factice d'éléments les plus disparates que l'on pût concevoir ; et les derniers chapitres de l'ouvrage allemand nous décrivent des scènes de discorde d'autant plus désolantes qu'elles succèdent à une longue période de complète harmonie fraternelle. C'est comme si, soudain, Allemands et Français se fussent éveillés d'un beau rêve, où ils avaient vécu jusque-là en se tenant par la main, tandis qu'à présent leurs compagnons de la veille leur apparaissaient de malfaisants et dangereux ennemis, plus assoiffés de leur sang que les sauvages Cosaques qui ne se lassaient pas de les attaquer. De jour en jour, désormais, l'inimitié s'accentue entre les diverses sections de l'armée. « Sur la place du Marché de Kowno, — nous raconte un officier wurtembergeois, — pas un Allemand n'aurait osé venir se chauffer près d'un feu allumé par des Français ; et semblablement nos hommes n'auraient pas manqué d'assommer un Français qui se serait approché de leurs propres feux. » Encore les plus navrantes manifestations de cette haine réciproque des différentes nationalités durant les dernières journées de marche en territoire russe ne sont-elles rien au regard des incidents quotidiens de la période suivante, où les soldats allemands, accueillis à bras ouverts par la population prussienne d'Insterbourg et de Kœnigsberg, s'unissent à celle-ci pour accabler de coups et d'affronts leurs infortunés frères d'armes français.

II

Mais ce n'est là, naturellement, qu'un petit épisode de l'immense tragédie que fait revivre devant nous la savante et émouvante « compilation » de M. Holzhausen ; et je ne saurais dire combien de belles pages y précèdent ces scènes lugubres des derniers chapitres, — des pages où, plus d'une fois, l'intérêt pathétique des situations se trouve accompagné et rehaussé d'un très réel agrément littéraire. Comment ne pas citer, tout au moins, la peinture que nous fait de sa première entrée à Smolensk, le 17 août, un compatriote et collègue de Roos, un sous-lieutenant wurtembergeois qui va d'ailleurs intervenir ensuite presque à chacun des grands actes du drame, toujours avec le même mélange de scrupuleuse fidélité historique et de naïf abandon pittoresque ?

Très vite, notre première brigade d'infanterie traversa un gué, où les hommes avaient de l'eau jusqu'aux hanches, et pénétra dans un faubourg de Smolensk que le général russe Korff continuait à défendre obstinément avec ses chasseurs. Pendant ce temps, nous descendîmes de la hauteur où nous étions grimpés, et nous réunîmes à la seconde brigade pour occuper avec elle un autre faubourg, sur la rive gauche du Dnieper. Avec la moitié de ma compagnie je fus placé dans un jardin rempli d'arbres fruitiers, tout contre le fleuve, où se trouvait déjà un jeune officier français accompagné d'une douzaine d'hommes.

Aussitôt commença une fusillade très vive, soutenue par notre artillerie dont les boulets, passant par-dessus nos têtes, allaient atteindre l'ennemi sur l'autre rive du Dnieper. Ravi du renfort inattendu que constituait pour lui notre arrivée, le bouillant officier français me saisit la main. *Venez, mon ami*, s'écria-t-il, *partageons notre sort !* Et, me tendant sa gourde de campagne, il m'invita à y puiser une gorgée d'eau-de-vie. Mais à peine l'avais-je remercié du réconfort de cette boisson et m'étais-je retourné vers mes hommes, qui avaient rejoint les Français près de la haie du jardin, lorsqu'une balle ennemie vint écraser si cruellement la tête de ce vaillant jeune homme, — avec qui j'avais fait connaissance moins de dix minutes auparavant, — que des fragmens de sa cervelle se collèrent, entourés de son sang, sur la cloison de bois d'une maisonnette élevée au milieu du jardin. Pour la première fois de ma vie, je voyais les balles ennemies pleuvoir autour de moi comme une véritable grêle, arrachant et semant à terre le feuillage des arbres. Vers midi, cependant, l'on nous fit sortir de ce terrible jardin, et nous pénétrâmes dans la grande rue du faubourg, l'ennemi s'étant enfin décidé à faire reculer ses troupes. Attendant les instructions ultérieures, nous nous tenions là, l'arme au pied, lorsque soudain le général Koch, qui se trouvait en tête de nous, reçut brusquement une balle qui, lui traversant successivement le bras et la poitrine, lui fit du même coup quatre mauvaises plaies. — A la tombée du soir, nous reçûmes l'autorisation de camper dans les différentes rues du faubourg. Mes hommes m'apportèrent de la farine et de la graisse, qu'ils avaient découvertes dans les maisons précipitamment abandonnées par leurs habitans ; et déjà j'étais en train de me préparer une succulente bouillie, lorsqu'une balle ennemie s'abattit dans mon feu, et me força de laisser tomber ma casserole avec son contenu. Malgré toute la gravité critique de notre situation, cet incident nous égaya merveilleusement, comme l'avait fait déjà, le matin, l'aventure d'un officier français du quatrième régiment, de si petite taille qu'il lui avait été impossible de franchir le gué, de telle sorte qu'il avait dû se faire porter par ses hommes sur une espèce de civière formée de leurs fusils.

Il y aurait également à citer, comme l'une des parties les plus attachantes du livre de M. Holzhausen, la demi-douzaine de relations allemandes consacrées à l'histoire de cette admirable retraite du maréchal Ney, entre Smolensk et la Bérésina, qui déjà dans l'ouvrage classique de Ségur nous a laissé un très profond et vivant souvenir. Allemands et Polonais, comme l'on sait, étaient nombreux dans l'arrière-garde confiée par Napoléon au plus habile de ses généraux ; et l'on sait aussi parmi quels dangers à peine croyables s'est accomplie la retraite de la troupe héroïque, jusqu'à cette journée du 21 novembre où Napoléon, attablé pour son déjeuner en compagnie du maréchal Lefebvre, eut enfin la joie de voir apparaître le jeune Gourgaud, envoyé par le vice-roi d'Italie afin de lui annoncer l'arrivée de Ney. En une semaine, l'armée de celui-ci s'était réduite à 900 hommes, si misérablement fatigués et épuisés que près de la moitié d'entre eux allaient succomber avant l'étape de Wilna. Ce sont des survivants de ces 900 hommes qui, dans le volume de M. Holzhausen, nous décrivent les tragiques épreuves qu'ils ont traversées ; et le tableau qu'ils nous en font, les témoignages sur lesquels ils appuient leur éloge unanime de l'étonnant génie militaire de leur chef, suffiraient, à eux seuls, pour revêtir d'une très haute portée documentaire le nouvel ouvrage du savant historien allemand.

Voici, par exemple, l'affreuse nuit où Ney, constatant l'impossibilité trop évidente de poursuivre plus longtemps la lutte contre l'armée infiniment supérieure de Milaradowitch, se décide à tenter le passage du Dnieper ! Un officier westphalien, dont M. Holzhausen n'a point réussi à découvrir le nom, écrit à ce sujet, dans une très intéressante relation inédite :

Le maréchal nous fit arrêter, et mettre en rangs. Une moitié au moins de l'infanterie avait disparu ; de la cavalerie, c'est à peine si, de temps à autre, un ou deux hommes venaient se joindre à nous ; de l'artillerie, absolument plus rien à l'exception des deux dernières pièces. Ce qui allait nous arriver maintenant, aucun de nous n'en avait l'idée. Le maréchal se taisait ; un officier qui lui avait demandé ses ordres n'avait obtenu de lui que cette réponse laconique : *Patience !* Tout au plus notre chef était-il sorti un moment de son mutisme pour défendre l'allumage de feux, pour installer une chaîne de sentinelles, et pour nous enjoindre de camper là, sur la neige, auprès d'une maison abandonnée. Il avait également envoyé en patrouille plusieurs officiers, parmi ceux qui demeuraient encore valides, et les avait chargés de s'informer du chemin jusqu'aux bords du Dnieper. Au bout d'une heure, pendant laquelle l'infatigable chirurgien-major du 48ᵉ régiment de ligne avait pansé une foule de blessés dans la maison transformée en hôpital, les officiers ramenèrent à Ney deux guides, un vieillard et une jeune fille. Les renseignements qu'ils pouvaient nous fournir touchant les moyens de passer le fleuve n'avaient rien d'encourageant : mais le temps pressait, et aucun choix n'était possible. Le maréchal Ney nous ordonna de nous mettre en route, dans le silence le plus profond.

Une épaisse forêt, qui s'étendait jusqu'au Dnieper, couvrit la retraite d'une troupe qui comprenait bien encore 3.000 combattants, et qui maintenant s'avançait avec lenteur, sans bruit, sur d'étroits sentiers à peine distincts. Après deux heures de marche environ, nous atteignîmes le fleuve, et cela en un endroit où la rive tombait dans l'eau par une pente abrupte. Le Dnieper était encore gelé : mais la violente averse qui avait succédé à la tourmente de neige nous faisait craindre un prochain dégel, et d'autant plus que nos guides assuraient que le fleuve, gelé seulement depuis deux jours, était très profond et d'un courant terrible. Nul moyen de songer à traverser là. D'un gué aux alentours ni le paysan, ni la jeune fille ne savaient rien : mais tous deux affirmaient que, l'été, on pouvait passer à gué en n'importe quel endroit. Le maréchal nous fit marcher pendant plus d'une heure en amont du fleuve. De temps à autre, on essayait la glace : des hommes recevaient l'ordre d'y faire quelques pas, afin de se rendre compte de sa résistance. Chaque fois, l'expérience prouvait que la glace était assez forte pour supporter un petit nombre de passants, mais que l'on ne pouvait songer à lui confier une armée. Enfin plusieurs gaillards résolus se risquèrent à atteindre l'autre bord, d'où ils ne tardèrent pas à nous apprendre que, sur cette rive-là, la remontée nous serait beaucoup plus facile.

Nous étions parvenus à une clairière du bois, où notre rive, elle aussi, s'abaissait sensiblement. Soudain, le maréchal nous fit arrêter, et ordonna de passer le fleuve. Il envoya d'abord, isolément, une centaine de soldats, en partie pour former une chaîne de sentinelles contre un assaut possible des Cosaques, en partie pour s'enquérir d'un chemin vers Orsza. A ces premiers pasgers se joignit, — sans qu'on put les en empêcher parmi les ténèbres de la nuit, — une masse de traînards qui nous suivaient depuis Smolensk. Puis ce fut le tour des blessés, mais que Ney ne laissa partir que moyennant la promesse formelle de ne pas allumer de feux. Après quoi l'on amena sur la glace les deux canons, qui devaient être traînés par des hommes, tandis que leurs attelages suivraient à vide. Mais l'opération échoua piteusement : le premier canon, descendu de la rive sans trop d'encombre, s'enfonça, vers le milieu du fleuve, avec ses conducteurs ; et force nous fut ensuite d'abandonner le second, qui n'aurait pas manqué d'avoir le même sort.

Le reste de l'armée, comprenant le maréchal lui-même et son état-major, devait effectuer son passage par groupes séparés, à environ deux cents pas plus loin. Mais les troupes impatientes, à qui la rive opposée apparaissait comme un port de salut, se pressaient constamment sur la glace, si bien que celle-ci se rompit en plusieurs endroits. Des cris d'angoisse retentissaient de toutes parts ; la confusion était indescriptible ; et impossible de secourir les noyés ni de donner des ordres, dans l'obscurité complète où l'on se trouvait. Des ombres noires s'agitaient en hurlant, sur le fleuve, tandis que ceux de nous qui restaient en arrière, incapables de se rendre aucun compte de la réalité, s'abandonnaient aux pires horreurs d'une imagination surexcitée. Longtemps se continua cette lutte invisible contre le fleuve. Et puis l'agitation s'apaisa. Les sauvés se taisaient d'épuisement ; aux noyés la mort avait fermé la bouche ; et un bon nombre de nos compagnons s'en étaient allés plus en amont, avec l'espoir d'y trouver une glace plus résistante. Enfin il ne resta plus sur la rive gauche que le maréchal et le groupe de son entourage. On avait jugé impossible de faire traverser le fleuve aux chevaux : deux ou trois tentatives avaient abouti à un désastre. Le maréchal permit aux cavaliers soit de se chercher un autre passage, ou bien de se glisser le long de la rive gauche, à l'ombre des bois, jusqu'à Orsza. Quant à nous, officiers, personne de nous ne voulait se séparer de notre chef. — *Passons !* dit soudain le maréchal. Aussitôt nous nous laissâmes tomber de la rive, et chacun s'efforça de passer de son mieux, la plupart, — et notamment le maréchal lui-même, — s'aidant à la fois des mains et des pieds. Quelques-uns disparurent sous l'eau, mais furent sauvés par leurs camarades. Sur l'autre rive, ce furent les soldats qui nous facilitèrent la remontée. Et ainsi la petite troupe, trempée jusqu'aux os, arriva enfin sur la rive droite du Dnieper, échappant pour un instant à la poursuite de l'ennemi, mais infiniment plus misérable encore qu'auparavant.

III

Aussi bien les ennemis eux-mêmes ne pouvaient-ils s'empêcher de rendre hommage aux qualités intellectuelles et morales de celui de tous les compagnons de l'Empereur qu'ils admiraient, à la fois, et redoutaient le plus. Le duc Eugène de Wurtemberg, par exemple, et son adjudant Woldemar von Lœwenstern, — qui tous deux, aux premières nouvelles de la rupture de Napoléon avec Alexandre, étaient venus s'engager dans l'armée russe, afin de combattre celui qu'ils regardaient comme l'oppresseur de leur patrie, — nous ont raconté à leur point de vue cette même retraite, pendant laquelle, plusieurs fois, ils avaient eu l'illusion de pouvoir enfin saisir l'insaisissable héros de la Moskowa ; et nulle autre part peut-être ne nous apparaît plus clairement que dans leurs récits l'effrayante difficulté d'une tâche dont ils reconnaissent que pas un d'entre eux n'aurait été capable de la mener à bien. Tout au long du livre de M. Holzhausen, du reste, les témoignages des membres allemands de la Grande Armée s'accordent à louer chaleureusement le maréchal Ney, adoré de tout le monde pour sa simplicité et sa bonté de cœur : sans compter que son origine alsacienne, probablement, et sa connaissance de la langue allemande permettaient à tous ces Bavarois, Badois, ou Westphaliens de le regarder un peu comme l'un des leurs. Après lui, c'est Murat qui semble avoir le mieux réussi à se gagner l'affection des troupiers allemands. Celui-là, il est vrai, ne savait point leur langue, et son attitude hautaine pendant les marches, son désir trop visible de se poser en souverain s'éloignaient autant que possible de la charmante bonhomie d'un Ney ou encore d'un Eblé, — autre favori des narrateurs cités par M. Holzhausen. Mais de nombreuses expériences avaient appris à ces braves gens que, sitôt la bataille engagée, un Murat tout différent se substituait à l'orgueilleux roi de Naples ; aussitôt celui-ci redevenait, pour tous les soldats, un affectueux camarade en même temps que le plus vaillant des chefs, avec une flamme guerrière qui, rayonnant de chacune de ses paroles et de chacun de ses gestes, se transmettait irrésistiblement à tout son entourage. De telle manière que la vue de Murat exerçait, sur l'armée entière, une influence très profonde et très bienfaisante. Chacun avait l'impression que, sous la conduite suprême de l'Empereur et avec l'appui effectif du roi de Naples, la terrible affaire où l'on se trouvait engagé ne pouvait pas être complètement, irrémédiablement perdue ; et chacun était reconnaissant à Murat de l'espèce de réconfort ou de consolation qu'inspirait sa présence.

Ney, Murat, Eblé et ce général Montbrun dont Henri de Roos nous racontera bientôt la mort héroïque sur le champ de bataille de Borodino : autant de figures que les témoignages recueillis par M. Holzhausen nous font apparaître dans la lumière la plus sympathique. Mais, au contraire, d'autres généraux français sont jugés par les narrateurs allemands avec une sévérité à peu près unanime ; et je crains bien que la renommée de Sébastiani, en particulier, ou encore de Victor, — pour ne point parler du malheureux Junot, déjà cruellement atteint et diminué par la maladie, — n'ait à souffrir plus ou moins gravement des accusations portées contre les chefs par les officiers allemands placés sous leurs ordres. Quant aux généraux allemands de la Grande Armée, je n'en aperçois aucun qui ne semble avoir continué, jusqu'au bout de la campagne, à être respectueusement aimé et admiré de ses compatriotes. Sans cesse nous apprenons que tel ou tel chef bavarois ou wurtembergeois, dont le nom nous était inconnu jusqu'ici, a déployé un talent militaire de premier ordre ; et il n'y a pas jusqu'au terrible général bavarois de Wrede dont les rigueurs ne soient excusées, ou même glorifiées, par ses compatriotes, comme l'effet d'un noble souci d'ordre et de discipline. Nous devinons que ces pauvres gens, à mesure que s'affirmait plus manifestement le désastre, s'attachaient plus fidèlement à leurs géné-

raux, en vertu des sentiments de rivalité nationale
que nous décrivait tout à l'heure l'un d'entre eux.
Ils désiraient que, du moins, leur honneur de Prussiens ou de Bavarois ne demeurât pas trop au-des-
sous de celui de leurs compagnons français : et
de là ces éloges enthousiastes prodigués à leurs
chefs, — dont quelques-uns, d'aileurs, paraissent
avoir été vraiment des hommes de valeur.

IV

Dans l'ensemble de la peinture qu'il nous fait
de la catastrophe de 1812, comme je l'ai dit,
M. Holzhausen s'est soigneusement efforcé d'éviter toute exagération ; et, à ce point de vue encore,
il se pourrait que son livre eût pour nous une
précieuse portée, en nous aidant à mieux discer-
ner les traits authentiques de tout ce qui s'y est
mêlé d'additions légendaires. Mais peut-être aussi,
d'autre part, les sources où puisait l'érudit allemand l'ont-elles mis à même de reconstituer avec
plus de relief que la plupart de ses devanciers
quelques-uns des aspects les plus affreux de la
tragique retraite de la Grande Armée. Car on
n'ignore pas que cette armée était si « grande »,
tout au moins pendant les premières étapes de la
retraite, que ses diverses parties ont eu plus d'une
fois à subir des destinées différentes, suivant

qu'elles occupaient la tête, ou le centre, ou bien la queue du cortège. Or, c'était presque toujours à la queue, très loin derrière la garde impériale et un bon nombre des autres régiments français, que marchaient péniblement les débris des contingents fournis naguère à Napoléon par ses alliés de gré ou de force, les princes allemands. Lorsque Roos, par exemple, ou la plupart des autres témoins cités par M. Holzhausen traversaient un village, il y avait bien des chances que déjà les troupes qui les précédaient eussent exploré, saccagé, brûlé toutes les maisons ; et pareillement il en allait dans les villes, où nos infortunés narrateurs allemands, quand enfin ils avaient réussi à y pénétrer, pouvaient être à peu près certains de trouver les magasins vides, comme aussi de devoir camper sur les places publiques. De telle sorte que, pour ne nous offrir que des faits d'une authenticité quasi « officielle », le savant ouvrage de Holzhausen n'en renferme pas moins une série de tableaux égaux et parfois supérieurs en atrocité pathétique à tout ce qu'aurait pu inventer l'imagination du poète de *l'Enfer*. En vain, par exemple, Gourgaud et Marbot se sont-ils ingéniés à démentir l'assertion de Ségur touchant la réalité de scènes plus ou moins nombreuses de cannibalisme, aux dernières périodes de la retraite. Ainsi que l'observe justement M. Holzhausen, un officier d'état-major comme

Gourgaud ne pouvait guère être aussi bien renseigné sur ce point qu'un modeste sergent comme Bourgogne, ni surtout que la demi-douzaine de sous-officiers ou de « traînards » allemands qui s'accordent pour nous attester qu'ils ont vu manger de la chair humaine, ou même qu'ils en ont mangé pour leur propre compte. Pareillement un officier bavarois, d'une loyauté incontestable, raconte que les soldats de son entourage « rôtissaient au feu des cœurs extraits de cadavres humains ». A quoi le lieutenant Furtenbach ajoute : « Que cela soit vrai, je puis le garantir, et frémis encore d'effroi au souvenir de cet odieux spectacle ! »

Pour des motifs analogues, les membres allemands de la Grande Armée étaient plus exposés que leurs compagnons français à tomber entre les mains de l'ennemi. C'est, comme l'on verra, l'aventure qui est arrivée au médecin Roos ; et, de la même manière, un bon nombre des autres narrateurs mentionnés le plus souvent par M. Holzhausen dans les premiers chapitres de son livre ont fini tôt ou tard par devenir prisonniers des Russes — quelques-uns au moment où, déjà, ils s'apprêtaient à pénétrer en territoire allemand. Ceux-là ont eu à subir, tout au moins pendant le début de leur captivité, un sort en comparaison duquel toutes les angoisses de la retraite leur apparaissaient une partie de plaisir. Dépouillés de leurs vêtements, nourris des rebuts que laissaient les chevaux des Cosaques, ils étaient traînés, sous une pluie de coups, vers de lointaines régions, les uns dans l'Oural, d'autres en Sibérie, — car il semble certain que l'énorme majorité des Russes craignaient un prochain retour de Napoléon. A toutes les réclamations comme à toutes les plaintes des infortunés prisonniers, les Cosaques répondaient invariablement : « Tant pis pour vous ! Pourquoi êtes-vous venus en Russie avec ce brigand de Napoléon ? » Mais à chaque instant, parmi ces sombres peintures, surgissent devant nous des exemples merveilleux de compassion chrétienne, soit que l'un des officiers de l'escorte s'efforce de secourir en cachette les prisonniers qu'il insulte et rudoie en présence de ses camarades, ou bien qu'un soldat, au risque d'être gravement puni, s'approche de l'un d'eux et lui glisse dans la main la moitié de sa propre ration. Tout le livre de M. Holzhausen est, d'ailleurs, ainsi semé d'épisodes touchants, ou encore de menus traits historiques imprévus et curieux. Croirait-on que, le 15 août 1813, des centaines de prisonniers allemands, déportés dans les provinces orientales de l'immense empire, se sont unis de plein cœur à leurs compagnons français pour fêter l'anniversaire de la naissance de Napoléon ? « A Tchernigof où l'on nous retenait prisonniers, — raconte le sous-officier bavarois Joseph Schrafel, — nous avons acclamé bruyamment le grand chef d'armée ; et peu s'en faut, même, que notre accès d'enthousiasme ne nous ait coûté cher ! »

Ai-je besoin d'ajouter enfin que, dans ce gros livre « compilé » à l'aide d'innombrables relations allemandes de la campagne de Russie, les *Souvenirs* du médecin wurtembergeois H. Roos tiennent incontestablement l'une des premières places ? De chapitre en chapitre, depuis l'entrée en territoire russe jusqu'au désastreux passage de la Bérésina, c'est avant tout le témoignage de Roos qui nous est cité ; et à mainte reprise M. Holzhausen nous fait observer tout ce que ce témoignage a d'exceptionnel, aussi bien par sa précision documentaire que par sa remarquable impartialité. L'impartialité est, au reste, le principal mérite que se reconnaissait à soi-même l'honnête Roos. Dans une courte préface qu'il avait mise en tête de la première édition de ses *Souvenirs*, après s'être excusé de son entière inexpérience littéraire, il écrivait : « Du moins me suis-je constamment efforcé d'éviter, à la fois, les embellissements romanesques et toute exagération en vue de l'effet pathétique. J'ai voulu que mon livre portât au plus haut degré possible l'empreinte de la vérité. » C'est, en effet, à quoi le modeste médecin militaire a pleinement réussi. D'un bout à l'autre de son livre, et par-dessous maints mérites d'ordre littéraire que son inexpérience même a peut-être encore contribué à nous rendre plus sensibles, nous avons l'impression que toutes les peintures qu'il déroule sous nos yeux, — plus d'une fois incomplètes, épisodiques, ou bien exécutées d'un point de vue national trop différent du nôtre, — « portent au plus haut degré possible l'empreinte de la vérité ».

T. DE WYZEWA.

1812

SOUVENIRS D'UN MÉDECIN DE LA GRANDE ARMÉE

PREMIÈRE PARTIE

DU DANUBE AU NIÉMEN ET SUR LES BORDS DE LA NARA

CHAPITRE PREMIER

L'ADIEU A LA PATRIE ET LA MARCHE DU DANUBE A L'ODER

Mon père, qui lui-même n'était entré qu'à contre-cœur dans la carrière militaire, nous avait toujours exprimé le souhait que pas un de ses cinq fils n'entrât dans l'armée; et ma mère, de son côté, avait toujours rêvé que l'un de nous se consacrât à la médecine. Mais comme, pendant toute la campagne du Rhin, depuis l'année 1792 jusqu'à l'entrée en Allemagne d'une armée française sous les ordres du général Moreau, les séjours prolongés que j'avais faits auprès de mon père m'avaient permis d'apprécier le rôle et l'utilité des médecins dans les hôpitaux militaires et sur les champs de bataille, la conséquence en fût que je me sentis irrésistiblement entraîné à devenir, moi-même, médecin d'armée, malgré la répugnance susdite de mon excellent père.

Il faut savoir que celui-ci, pendant la Guerre de Sept Ans, avait été arraché de force à ses études théologiques, et incorporé avec trois de ses frères dans les troupes du grand-duc de Wurtemberg. Après quoi, jusqu'à la fin de ses jours, en 1797, il n'avait pu s'élever qu'au grade de lieutenant, tandis que ses frères avaient précédemment trouvé la mort des héros dans les batailles de Leuthen et de Fulda.

Pour moi, les circonstances allaient se montrer beaucoup plus favorables. Après des études assez approfondies et un examen final heureusement subi, je fus d'abord attaché, en qualité de médecin assistant, à l'hôpital de la garnison de Stuttgart: c'était au printemps de 1800, lorsque déjà avaient lieu des levées de troupes et autres apprêts en vue d'une guerre imminente. Pendant les cinq années qui suivirent, je mis à profit les nombreuses occasions qui s'offraient à moi, dans l'exercice de ces fonctions, pour acquérir la plus haute somme de connaissances théoriques et d'expérience pratique dont j'étais capable : ce qui me valut d'être nommé médecin-chef dès le printemps de 1805, et d'être chargé, une année plus tard, de la surveillance sanitaire d'un régiment.

Après avoir fait ainsi les campagnes de 1805, 1806, 1807 et 1809, je me trouvais, durant l'été de 1811, à Ehigen avec un régiment de cavalerie légère, qui tenait garnison dans plusieurs villes du Danube échelonnées entre la source du fleuve et la ville d'Ulm, alors ville impériale. On parlait beaucoup, pour le printemps suivant, d'une guerre avec la Russie. En automne, les préparatifs commencèrent. On acheta les chevaux nécessaires, des vêtements chauds, on fit ses adieux aux siens. Les écoles même de la ville furent mises à contribution ; les élèves y furent occupés à faire de la charpie, dont j'eus bientôt une abondante provision.

Le 11 février, nous quittions notre garnison. Le régiment était bien monté. Il comptait 750 chevaux. Les hommes étaient jeunes et des mieux recrutés ; les officiers avaient de l'expérience : enfin tout faisait présager le succès.

La veille au soir, les officiers avaient donné un bal aux autorités de la ville. On dansa beaucoup et longuement. Puis on chanta des chansons d'adieu. On but à la joie du retour ; et, lorsque le jour parut, les clairons et les trompettes sonnèrent le boute-selle.

Nous traversâmes Stuttgart et Ludwigsbourg. Nous cantonnâmes quelque temps à Heilbronn, où, le 2 mars, il y eut une revue. Peu après, nous nous remîmes en marche : nous traversâmes la principauté de Hohenlohe, et, tout de suite après la petite ville de Weikersheim, nous atteignions la frontière wurtembergeoise. Là, nous fîmes halte. Beaucoup d'entre nous entourèrent la borne de leurs bras, en remerciant le sol natal, que nous abandonnions, pour toute la douceur qu'il nous avait prodiguée depuis notre jeunesse. Beaucoup s'écrièrent tout haut : « Adieu, ô êtres chers que nous quittons et que nous ne reverrons peut-être jamais ! »

Nous avions reçu jusque-là, tous les jours, des visites de parents et d'amis qui venaient nous faire leurs adieux. Les pères apportaient de l'argent à leurs fils, les mères leur apportaient des vêtements, en particulier des bas chauds pour affronter le froid du Nord ; et les sœurs venaient pleurer avec leurs frères.

Quant à moi, c'est seulement plusieurs heures après avoir passé notre frontière, pendant notre étape de Kœnigshofen, que j'eus la joie d'une telle visite. Je me trouvai soudain entouré de huit personnes de ma famille, dont quelques-unes m'étaient encore tout à fait inconnues. Nous eûmes à nous loger tous dans la même chambre, comme de vrais soldats. Au temple, — car ce jour était un dimanche, — nous eûmes l'occasion d'observer l'étrange costume des femmes de l'endroit. Elles étaient toutes vêtues de noir, et portaient sur la tête un énorme fichu blanc qui ne leur découvrait que le nez, la bouche et le menton. Je me rappelle également que, dans ce village, mon beau-frère ayant perdu sa montre, je lui ai donné une belle montre d'or, — qui d'ailleurs, si je l'avais emmenée en Russie, n'aurait sûrement pas tardé à m'être volée.

Nous traversâmes la Franconie, le duché de Saxe-Hildburghausen, le comté de Henneberg, et, le 23 mars, nous nous engagions dans la forêt de Thuringe. Les sommets étaient couverts d'une neige durcie par la gelée, assez solide pour nous porter. Les chemins de montagne étaient si impraticables que nous étions obligés de marcher en file, l'un derrière l'autre. Il fallut faire faire à nos voitures de munitions un grand détour par Ilmenau. Nous arrivâmes vers le soir au joli village de Langewiesen, après avoir traversé la montagne lentement et péniblement. De là nous atteignîmes bientôt le territoire du prince de Schwarzburg-Rudolstadt. Le 25, les régiments défilèrent en parade dans la rue principale de la ville, aux sons des musiques et des fanfares. Le prince, grand ami de l'armée, invita à sa table les officiers logés dans la ville. Quant à nous, nous fûmes obligés de nous loger dans les villages d'alentour, ainsi qu'il arrive souvent à la cavalerie à cause des chevaux.

De là, nous atteignîmes bientôt Leipzig, où logea la plus grande partie de notre infanterie. Nous cantonnâmes pendant une semaine dans les villages environnants, rendus déjà célèbres par les guerres précédentes, mais qui allaient le devenir encore davantage deux ans plus tard. Nous visitâmes Leipzig, et fîmes quelques achats. C'est là que j'achetai la montre nouvelle qui me mît dans un cruel embarras à la Bérésina, ainsi que j'aurai l'occasion de le raconter.

Nous quittâmes Leipzig le 6 avril, avec l'ordre de nous rendre à Francfort-sur-l'Oder. Il faisait un temps de printemps, avec des alternatives de pluie et de froid. L'état sanitaire était si bon que je n'avais eu rien à faire jusque-là.

Rien d'important ne signala notre traversée de la Saxe. C'est à quelques étapes de Leipzig que, pour la première fois, nous obtînmes des renseignements sur la Grande Armée, sur sa force et les éléments dont elle était composée : « Ah ! disait un buveur, une armée comme celle de Xerxès, et qui fera des actions d'éclat comme celle d'Alexandre ! »

A Francfort-sur-l'Oder, où nous arrivâmes le 12 avril et où nous fîmes halte, je retrouvai des amis que j'avais connus en 1807. Leurs prédictions au sujet de la guerre étaient pessimistes. En les quittant, je retournai voir le monument d'Ewald von Kleist et je méditai sur la tombe de ce guerrier-poète.

CHAPITRE II

DE L'ODER A LA VISTULE ET AU NIÉMEN

A Francfort, notre régiment reçut l'ordre de se séparer de son corps d'armée et de marcher vers la Prusse orientale, pour s'y réunir à des régiments d'autres nations et former une division de la future avant-garde. Il fut placé sous le commandement du général Ornano. Nous nous trouvâmes ainsi séparés de nos compatriotes jusqu'au jour qui précéda la bataille de Borodino.

Le matin du 14 avril, après que notre vénéré prince héritier[1] eut pris congé de nous, nous passâmes l'Oder et traversâmes le célèbre champ de bataille de Kunersdorf. Nous nous dirigeâmes sur Posen à travers une contrée vallonnée, en

(1) Guillaume, plus tard roi de Wurtemberg.

laissant à notre droite la route de Breslau. Dès que nous eûmes quitté le territoire allemand, tout prit un aspect différent : les villes, les villages, les forêts, les routes, les cultures ; les hommes et les bêtes, tout était moins aimable et moins riant. C'en était fini aussi des bons gîtes. En nous éloignant des bonnes et belles choses auxquelles nous étions habitués, beaucoup d'entre nous ne pouvaient s'empêcher d'envisager l'avenir sous de sombres couleurs.

A la deuxième étape après le passage de l'Oder, je fus logé chez un vénérable pasteur protestant, pauvre et âgé, qui nous donna de la meilleure grâce du monde le peu qu'il pouvait nous offrir. Pendant la guerre de Sept Ans, il habitait déjà cette région où son père avait été pasteur avant lui. Il nous raconta beaucoup de choses dont il se souvenait, ou qu'il tenait de son père. Ses prédictions étaient sombres. Il semblait que le brave homme lût dans l'avenir. Il nous dépeignait l'hiver rigoureux qui nous attendait au fond de la Russie, notre dénuement, et compatissait d'avance à nos misères. « Vous avez le nombre pour vous, et vous commencerez par être victorieux : mais les Russes vous attireront au centre de leur immense empire. Peu à peu vous vous affaiblirez, vous aurez à lutter contre le froid et les privations. C'est alors que la vraie guerre commencera pour les Russes. Vous aurez de la peine à vous en tirer, et peu d'entre vous reviendront. » Ces paroles déplurent aux uns, les autres en rirent ou murmurèrent. Quant à moi, j'écoute toujours volontiers les hommes d'expérience.

Nous continuâmes notre marche à travers la Pologne, traversant de grandes et de petites villes toutes semblables à des villages, sauf Posen, où nous arrivâmes le 22, et Gnesen que nous atteignîmes le 27. Un jour, c'était un dimanche, nous fîmes halte dans une petite ville de la rive gauche de la Vistule. Le temps était beau ; juifs et chrétiens, attirés par la curiosité, remplissaient les rues. Le régiment se disloqua sur la place du marché. Les billets de logements étaient distribués quand survint une femme d'officier polonais. Elle était jeune, jolie, élégante, mais si émue qu'elle tomba, avec l'enfant qu'elle portait dans les bras. L'enfant se mit à crier. J'étais déjà à la porte de mon logement lorsqu'on m'apporta la femme en pleurs avec l'enfant. Ce dernier avait l'avant-bras droit cassé. Je l'installai dans la chambre, avec sa mère, et me hâtai de faire le nécessaire. J'appris que le mari de la jeune femme était parti pour la guerre peu de jours avant. Les maîtres de la maison nous donnèrent, à mon aide et à moi, de l'hydromel, dont je buvais là pour la première fois. Le breuvage parut délicieux à nos estomacs, altérés par une longue marche, et nous nous sentîmes plus gais que nous ne l'avions été depuis notre entrée en Pologne. Cependant la charmante jeune femme, pour m'exprimer sa reconnaissance, me couvrait de baisers les deux bras, du coude à l'épaule.

Nous nous rapprochâmes de la Vistule, que nous devions traverser à Wrozlawek. Nous arrivâmes le 30 avril dans cette petite ville, où nous fîmes halte, rien n'étant prêt pour notre passage. Je fus logé chez le curé dont la maison était située au bord de la Vistule. Naturellement, là comme partout, la conversation à table roula sur notre expédition. Mon hôte émit les mêmes pronostics pessimistes que le pasteur de Kunersdorf, et termina en nous souhaitant à tous de repasser un jour le fleuve que nous allions traverser. Mais ce qui m'intéressa surtout, ce fut ce qu'il me dit de la plique polonaise, qui sévissait dans le pays. J'avais remarqué, tout le long du chemin, de grands et solides gaillards qui mendiaient. Des mèches de cheveux noirs, sales, emmêlées comme une crinière de cheval, leur pendaient derrière les oreilles, sur les épaules, et jusque sur la poitrine. Mon ecclésiastique lui-même, tout gris et tout chauve qu'il était, conservait encore quelques touffes de cheveux derrière les oreilles. « Notre climat, me dit-il, l'eau dont nous nous servons, et la vie que nous menons sont favorables au développement de cette maladie. Cependant tout le monde n'en est pas atteint. Elle sévit sur les hommes et les jeunes gens de préférence aux femmes et aux jeunes filles. L'expérience montre que la goutte, les rhumatismes, certaines céphalalgies tenaces sont les symptômes avant-coureurs de la maladie. Par suite de la malpropreté, de l'oisiveté, de la mendicité, elle prend dans le peuple un caractère particulièrement répugnant. En général, les étrangers sont épargnés. Quelquefois, après un séjour prolongé dans le pays, ils sont pris à leur tour, et présentent les prodromes dont j'ai parlé. Il ne faut pas songer à guérir la plique quand elle est déclarée : mais en se soignant dès qu'on découvre les symptômes avant-coureurs, on évite la maladie. Il ne faut pas couper les cheveux malades, sans quoi on s'expose à la folie et à la mort : mais on peut arracher les cheveux un à un, en s'y reprenant à plusieurs fois. »

Au bout du troisième jour, les bateaux nécessaires à notre passage étant prêts, nous nous embarquâmes à raison de 30 à 40 hommes et chevaux par bateau. La traversée s'effectua en une heure environ.

Nous nous retrouvâmes bientôt en pays allemand. On nous désigna, pour établir nos cantonnements, les villes de Rastenburg, Neidenburg, Angerburg et leurs environs. C'était la belle saison. Nous passâmes là quelques semaines très agréables. Les habitants de Rastenburg, surtout, étaient fort aimables ; ceux des deux autres villes étaient moins sociables, comme aussi beaucoup plus pauvres : mais ils avaient en abondance des écrevisses, dont nous nous nourrissions presque exclusivement. Ils admiraient notre frugalité et ne voulaient pas croire que, sur le Danube et dans les pays d'où nous venions, les écrevisses fussent un mets de luxe.

Sauf un malade que je perdis d'une pneumonie et une hydrocèle que je fus obligé d'opérer, j'eus peu à faire. Nous employions nos après-midi à nous promener à cheval dans les villages des environs, et à jouer aux boules dans les jardins qui entouraient la ville.

C'est dans ce cantonnement que le régiment reçut les instructions relatives aux futures réquisitions, et d'après lesquelles nous devions pourvoir nous-mêmes à la nourriture de nos chevaux.

Nous nous rapprochions du Niémen, le fleuve frontière. D'autres troupes vinrent se joindre à nous, surtout de la cavalerie. Notre brigade fut formée par l'adjonction d'un régiment de uhlans prussiens et d'un régiment de hussards polonais. On plaça des patrouilles et des piquets au bord du Niémen. Bientôt nous vîmes arriver des déserteurs de l'armée russe, presque invariablement des Polonais.

Par une belle nuit du commencement de juin, nous étions dans un misérable petit village et nous commencions à sentir la faim, quand les trompettes se mirent à sonner l'alarme. Nous fûmes vite rassemblés. Qu'y avait-il? Est-ce que, par hasard, les Russes auraient passé le fleuve et viendraient nous faire une visite matinale? Mais non. On nous fit revenir en arrière à marches forcées. Nous trouvâmes bientôt une grande route sur laquelle nous trottâmes sans discontinuer pendant 8 à 9 lieues. Nous arrivâmes à Ostrolenka en même temps que beaucoup d'autres régiments, et c'est là, dans cette plaine célèbre, que fut passée une revue de 40.000 hommes de cavalerie.

La diversité des nations, des armes, des uniformes des innombrables états-majors, les bruits des sonneries, la rapidité des manœuvres, les commandements dans cette immense plaine verte inondée de soleil, tout concourait à faire de cette revue un spectacle extraordinairement imposant. A voir la tenue des troupes et la gravité des chefs, on ne pouvait douter que nous fussions destinés à conquérir le monde.

Après la revue, nous nous reposâmes à l'ombre de beaux sapins, sur les bords d'une petite rivière, la Narew. Nous n'avions rien à nous mettre sous la dent pour nous dédommager de nos fatigues, rien à acheter à quelque prix que ce fût. Il n'y avait pas de fourrage pour les chevaux. Il n'y avait que de l'ombre et de l'eau pour tous, et la faculté, dont j'usai, de nous baigner dans la rivière.

J'assistai, durant cette revue, à l'accident de cheval le plus effrayant que j'eusse jamais vu. Les lourdes masses des cuirassiers, — il pouvait y avoir dix régiments, — s'avançaient au trot sur la route. Ceux qui étaient en arrière prirent le galop, pour rejoindre les autres. L'un de ces hommes au galop tomba avec son cheval et son lourd paquetage. Le cheval se renversa, se releva, et s'enfuit, mais l'homme était mort, le crâne fracassé, la peau et les muscles de la tête arrachés.

Comme nous nous rapprochions du fleuve et que d'autres troupes se massaient aussi pour le franchir, nous fîmes halte pendant quelques jours. Nous reçûmes l'ordre de nous approvisionner en vivres et en fourrage pour vingt et un jours. Des détachements commandés par des officiers devaient se rendre dans les villages et les fermes du voisinage, et réquisitionner tout ce qui était nécessaire. Les détachements en rencontraient d'autres, venus au même endroit à la même fin, et, personne ne voulant renoncer à sa part, on se partageait le butin, non sans violence. De cette façon, granges, greniers, celliers, saloirs, furent bientôt vidés de leur contenu. Dans ce désordre, les soldats s'emparèrent même de choses inutilisables. Mais comment rapporter tout cela ? On ouvrit les étables, on attela les bêtes, on chargea les foins et le fourrage, on attacha même par derrière les bêtes de boucherie. Le décret et sa rapide exécution ravagèrent complètement la région, et les habitants de celle-ci eurent à supporter tout le poids de la guerre avant qu'elle fût commencée.

Bien pourvus de tout, nous marchâmes dans la direction du Niémen, que nous atteignîmes le 25 juin à midi. Nous campâmes à la lisière d'une jolie forêt, non loin d'un petit village. Nous avions devant nous des prés et des champs. Le temps était très agréable. L'arrivée incessante et le rassemblement des troupes de toutes nations et de toutes armes, la quantité d'artillerie qui se trouvait réunie, l'installation des ponts de bateaux faisaient de ce camp le plus intéressant que j'aie jamais vu.

Mon attention fut surtout attirée par un bruyant essaim de femmes, en voiture, à cheval, ou à pied, qui avaient pour mission, disait-on, de soigner dans les hôpitaux les malades et les blessés, et par une troupe non moins nombreuse de médecins, pour la plupart de très jeunes gens, auxquels un vétéran qui les commandait avait à faire maintes observations. Je fus frappé aussi de la grandeur inusitée des chevaux qui traînaient les voitures portant les pontons, à raison de trois paires par voiture.

Je m'étais promis de ne pas dormir pendant cette nuit mémorable : aussi bien l'agitation qui régnait eût-elle suffi à m'en empêcher. La nuit était particulièrement belle et claire, le crépuscule et l'aurore se succédant d'assez près pour éclairer le ciel. Les fumées des feux de bivouac donnaient à l'atmosphère un aspect singulier, et les bruits guerriers frappaient l'imagination déjà en éveil. Enfin, le matin arrive; nous apprenons que les ponts sont installés, que les troupes passent le fleuve, et que Napoléon lui-même est déjà sur le sol russe.

C'était la première nuit que nous couchions à la belle étoile : jamais plus, pendant toute cette guerre, un toit ne devait nous abriter.

Nous étions à la Saint-Jean. Cette fête a toujours été, pour moi, un jour prédestiné. C'est un jour de Saint-Jean que j'ai perdu mon père, un jour de Saint-Jean que fut décidé mon sort, quand le général Moreau fut envoyé à Kehl, sur le Rhin. C'est encore un jour de Saint-Jean que j'assistai à la prise d'assaut, par le général Vandamme du camp prussien à Glatz, en Silésie (1807). Enfin beaucoup de choses intéressantes de ma vie s'étaient passées un jour de Saint-Jean : et c'est pour cela qu'il me parut particulièrement significatif de célébrer cette fête au bord du Niémen.

Toute la nuit, des troupes à cheval, à pied, de l'artillerie des bagages survenant de toutes les directions, défilèrent devant nous. A midi, notre tour arriva. Le spectacle était extraordinairement beau. L'ordre était parfait, les troupes astiquées comme à la parade. Les hommes avaient l'air résolu, mais sans entrain, aucun d'eux ne chantait. Nous nous avançâmes et prîmes position sur une colline, tout près de la rive. Un orage nous y surprit qui nous trempa jusqu'aux os. La tranquillité avec laquelle les troupes qui occupaient toutes les collines et toutes les vallées attendirent la fin de l'orage, et le silence qu'elles observèrent, étaient vraiment impressionnants.

Quand la pluie eut fini de tomber, le mouvement reprit. Enfin, vers le soir, nous nous trouvâmes sur ce sol russe où tant d'entre nous devaient trouver la mort. Nous étions au voisinage de Kowno, là où la Wilia se jette dans le Niémen.

CHAPITRE III

DU NIÉMEN A LA DWINA
LES PREMIÈRES BATAILLES

L'idée que nous nous étions faite de la Russie se transforma, et notre pessimisme au sujet de la grande entreprise s'évanouit en partie, dès que nous eûmes passé le fleuve. Les bornes, les clôtures, les poteaux indicateurs, tout était mieux ordonné qu'en Pologne. Le long de la route, nous rencontrions des maisons plus confortables, des postes plus régulières, et des auberges meilleures. Nous traversâmes bientôt une épaisse forêt dont les arbres, d'essences variées, nous enchantèrent au sortir des interminables forêts de sapins qui nous avaient causé un si profond ennui. Le premier village que nous atteignîmes nous parut d'aspect agréable, bien que le soir commençât à tomber.

Murat, entouré de généraux et d'officiers d'état-major, nous attendait à l'entrée d'une belle propriété. Bien que nous fussions trempés, on nous fit défiler devant lui. Puis on nous désigna, pour bivouaquer, un champ proche d'un village à droite de la grande route qui mène à Wilna.

Jusque-là, il n'y avait pas de malades. Je n'avais laissé personne en arrière, pas même mon opéré de Rostenburg, qui nous avait rejoints complètement guéri : mais, nos ressources pour la nourriture des hommes et des chevaux devenant plus précaires, ce bon état sanitaire prit fin. Il se serait soutenu plus longtemps si les provisions que nous avions amassées derrière le Niémen avaient pu nous suivre.

Laissant à gauche la route de Wilna, nous nous engageâmes dans de petits chemins, souvent très mauvais. Nous ne rencontrions pas d'ennemis, mais quelques paysans bien intentionnés et beaucoup de juifs horriblement sales.

Le soir, nous fîmes halte pour donner à manger à nos chevaux. On se servit pour la première fois de faucilles et de faux pour couper l'herbe et les céréales encore vertes. Il n'y avait aucun village à proximité, rien qu'une petite église. Le bruit courait qu'elle était remplie de farine et de provisions de toute sorte, mais personne ne s'en approcha. Du reste, je n'ai jamais vu aucun des nôtres piller une église. J'ai souvent pensé que c'était là plutôt le fait de l'infanterie, plus désœuvrée que la cavalerie dont le temps est absorbé par le soin des chevaux, des harnais, et de plusieurs armes.

En approchant de Wilna la température devenait très chaude, les vivres commençaient à manquer, le pain était rare, la farine, le lait, le vin, et l'eau-de-vie encore plus. La mauvaise qualité de l'eau provoqua le pillage des glacières. On transportait à cheval des blocs de glace jusqu'à ce que, passant de main en main, ils fussent ou absorbés ou fondus.

Il n'y avait rien à acheter. Les cantiniers ne pouvaient pas suivre, à cause de la rapidité de la marche. Les officiers devaient se contenter de ce que leurs domestiques et les soldats pouvaient marauder : encore les occasions en étaient-elles rares. On trouvait difficilement du foin et de l'avoine pour les chevaux. Quand on en trouvait, les chevaux avaient de la peine à broyer l'avoine avec leurs dents, que le fourrage frais avait émoussées.

Cet état de choses ne pouvait manquer d'être funeste au point de vue sanitaire. Les hommes et les chevaux commencèrent à souffrir de diarrhée. Les hommes maigrissaient, s'affaiblissaient. Les chevaux maigrissaient aussi, et se traînaient avec peine.

Du Niémen jusqu'à Wilna, l'alarme fut donnée plusieurs fois, sans que nous vissions jamais les Russes. Il se produit souvent ainsi de fausses alertes, aux avant-postes de la cavalerie légère. En approchant de Wilna, nous retrouvâmes la grand'route. On voyait que de nombreuses troupes y avaient passé avant nous. Il y avait quelques cadavres couverts de poussière, revêtus d'uniformes inconnus que nous prîmes pour être ceux des Baschkirs. Après avoir suivi longtemps ce chemin poussiéreux, nous campâmes, pour la nuit, dans une fraîche prairie entre la route et la Wilia. Nous étions si près de Wilna que nous entendions les bruits de la ville. On nous dit que Napoléon y était entré la veille, avec la garde. Des magasins brûlés fumaient encore. On ne nous permit pas d'y pénétrer. Pour visiter Wilna, je prétextai l'obligation de me procurer des remèdes. En effet, il ne manquait pas de malades atteints de diarrhée, et la pharmacie du régiment était encore au delà du Niémen.

Je me rendis à la ville de bonne heure. Son

aspect n'avait rien de particulier : je rencontrai peu de soldats, et la plus parfaite tranquillité régnait à la mairie, où je me procurai pour 48 florins les médicaments dont j'avais besoin. Il me sembla que ces messieurs les conseillers municipaux n'étaient pas mécontents de notre présence, car ils se montrèrent polis, aimables, et serviables.

Je vis Napoléon, avec une faible escorte, traverser un pont à moitié détruit, et donner des ordres qui me parurent relatifs au rétablissement de ce pont. Mon estomac, quoique depuis longtemps déjà habitué aux privations, criait famine. Après de longues discussions, un Juif finit par me laisser entrer chez lui, et par me donner de la bière et du pain.

Le 1er juillet, nous nous remîmes en marche. Le temps était devenu pluvieux. Nous dépassâmes la ville, et fîmes halte auprès d'un magasin d'avoine incendié, pour attendre Napoléon, qui voulait nous voir. La pluie nous transperçait. Nous remplîmes des sacs avec de l'avoine à moitié calcinée, puis nous avançâmes à nouveau, et rencontrâmes Napoléon dans un faubourg. Il fit peu d'attention à nous. Il semblait de mauvaise humeur et mécontent. En voyant notre général de division, le général Wattier, il s'approcha de lui d'un air irrité, et, dans la conversation qui s'engagea entre eux, nous entendîmes ces mots : « *Je vous ai toujours connu comme un mauvais sujet, mais je ne savais pas que vous étiez un lâche, un poltron* », etc. Nos officiers ne paraissaient pas très surpris, et les soldats disaient en riant : « Il lui a joliment lavé la tête ! » Peu après, Wattier fut remplacé par Sébastiani.

De là nous nous dirigeâmes vers la Dwina. Nous abandonnâmes à nouveau la grande route, et, au bout de deux jours, nous rencontrâmes pour la première fois des Cosaques rouges. Il y eut un petit combat d'avant-garde. Un cosaque tomba entre nos mains. Il fut démonté et envoyé à pied à Wilna, pour être interrogé.

Le jour suivant, un combat plus important s'engagea entre les deux cavaleries. Il pleuvait comme la veille. Pour faciliter les mouvements, on nous prescrivit de jeter l'avoine calcinée que nous avions recueillie à Wilna. Cet ordre fut exécuté très à contre-cœur. Il y eut plus de blessés que la veille, et plus de besogne pour moi et mes confrères.

Dans cette affaire, je vis de plus près le roi de Naples. Il était extraordinairement actif ; tantôt à pied, tantôt à cheval, se préoccupant des blessés et leur témoignant beaucoup d'intérêt. Il se tenait sur une colline, pendant l'action, et regardait autour de lui, avec sa lunette d'approche, quand on demanda un médecin. J'accourus et je trouvai un officier français blessé au cou. Le roi voulut savoir si la blessure était grave. Il posa à l'officier, pendant qu'on le déshabillait, des questions auxquelles celui-ci répondit nettement. Je trouvai, à droite du cou, une plaie assez profonde et qui saignait beaucoup, mais qui n'intéressait aucune grosse artère. Je dis que la blessure était simple, et qu'elle pouvait guérir rapidement. Je la nettoyai et j'appliquai un pansement. Après quoi, l'officier et moi, nous remontâmes à cheval.

La mise de Murat ressemblait beaucoup à celle, souvent décrite, du général Tilly. Sur son uniforme de général français, il portait un manteau espagnol, tantôt rouge, tantôt vert, avec des franges d'argent. Son chapeau était orné de plusieurs plumes blanches, et il avait des bottes hongroises, rouges, vertes, ou jaunes.

Dans cette affaire d'avant-postes, nous recueillîmes des déserteurs polonais appartenant aux uhlans. On les démonta aussitôt, on distribua leurs chevaux, et ils durent aller à pied à Wilna pour être interrogés.

Napoléon, retenu à Wilna par des questions de politique et d'organisation, voulut donner aux Polonais un exemple de la sévère discipline qui régnait dans son armée. Comme on ne faisait pas de cantonnements et que les magasins étaient vides, les soldats étaient obligés de recourir au vol et au pillage pour fournir à leur subsistance. Ces pratiques furent sévèrement interdites et punies de mort. Il y eut bientôt des exécutions à Wilna et dans les environs. Trois ou quatre jours après avoir quitté la ville, nous trouvâmes une division de cuirassiers formée en carré. Au milieu du carré, quatre soldats creusaient la terre. Nous apprîmes que le conseil de guerre les avait condamnés à mort, pour avoir enfreint les ordres reçus. Ils allaient être fusillés, et devaient tout d'abord creuser eux-mêmes leur tombe. Terrifiés, nous nous hâtâmes de rejoindre ceux des nôtres qui avaient continué à marcher. Plus tard, nous apprîmes qu'à Wilna il y avait eu plusieurs exécutions, mais que quelques coupables avaient pu échapper à la balle qui leur était destinée.

Le 5 juillet à midi, nous faisions manger nos chevaux à Dangelischky, en avant de Widsky, dans un champ de sarrasin. Nous avions devant nous un ravin, avec un fossé à sec traversé par un pont. De l'autre côté du ravin, il y avait un bois, derrière lequel passait la route. Nous pressentions l'approche de l'ennemi. On commanda : « A cheval ! Marche ! » Notre régiment formait l'avant-garde, ce jour-là. Comme nous descendions la pente, nous fûmes accueillis par le feu d'une batterie de six pièces d'artillerie légère, dissimulées derrière les arbres. « En avant ! Au galop ! » Les trompettes donnèrent le signal, et tous s'élancèrent, traversant le pont et escaladant les pentes comme s'ils avaient des ailes. Bientôt le régiment disparut à mes yeux. Un combat sérieux s'engageait de l'autre côté du bois : mais j'avais à donner mes soins aux premiers blessés. Je les fis transporter à l'ombre des arbres. Le nécessaire fut fait. Bientôt on en apporta d'autres, atteints à la tête et aux membres par des balles, des coups de sabre, ou des coups de lance. Il y avait des Russes parmi eux. Nos soins nous retinrent longtemps, mes aides et moi. Quand ce fut fini, nous nous mîmes à la recherche des nôtres, qui s'étaient beaucoup éloignés pendant ce temps.

Enfin je les retrouvai, toujours en ordre de bataille, avec les Russes devant eux et séparés d'eux par une petite rivière, la Disna. L'affaire semblait terminée : je fis mon rapport au colonel sur ce qui s'était passé en arrière et lui énumérai les morts et les blessés. Aussitôt, il m'indiqua un endroit où il y en avait encore davantage. Quand j'y arrivai les blessés avaient déjà reçu les premiers secours. Mon ami Weiss était parmi eux. Il se plaignait d'une balle qui avait pénétré dans la hanche et qui le faisait abominablement souffrir. Je pus l'extraire ; elle s'était logée dans les muscles fessiers.

Dans cette affaire nous avions perdu notre lieutenant-colonel, le prince de Hohenlohe-Kirchberg. Personne ne savait s'il était mort ou prisonnier. Le colonel, m'indiquant un coin du champ de bataille, me pria de faire des recherches à son sujet, mais mes recherches furent vaines. Je ne trouvai ni mort, ni blessé, ni aucun indice qui pût me mettre sur la voie. Enfin le 26 juillet, campant à l'endroit même où la victoire de la veille nous avait amenés, nous apprîmes par l'ennemi que le prince de Hohenlohe était blessé, et avait été fait prisonnier. Il écrivit lui-même quelques lignes pour demander du linge et de l'argent. Le tout fut envoyé par son palefrenier. Depuis notre départ, je m'étais presque constamment trouvé aux côtés du prince. Onze ans plus tard, le sort nous réunit à Saint-Pétersbourg. J'appris là que l'homme, le cheval, le linge et l'argent étaient bien arrivés à destination.

Le 7 juillet nous nous mîmes en marche de bonne heure. Nous passâmes la Disna sur un pont de bateaux construit en toute hâte. Bientôt nous rencontrâmes la cavalerie russe, qui se retira devant nous en si bel ordre qu'on aurait pu croire qu'elle se préparait au combat : mais il n'y eut pas un seul coup de feu échangé. Nous la suivions de très près.

Vers le soir, nous appuyâmes sur la gauche et marchâmes en plusieurs lignes sur la rive gauche de la Dwina, aux prises avec mille difficultés et souffrant de privations de toute sorte. Le 14, nous campâmes dans un petit village, derrière un bois, les hussards polonais en avant de nous, les uhlans prussiens et les chasseurs et hussards français à côté de nous. Nous croyions l'ennemi derrière la Dwina : mais, le lendemain 15, nous fûmes attaqués de si bonne heure et si brusquement que tout le monde fut surpris en plein sommeil. La cavalerie russe était tombée sur le régiment de hussards polonais qui était devant nous et sur un régiment de hussards français, les avait entourés, et avait fait prisonnier un escadron, et même davantage. Tout avait été si prompt qu'avant que nous arrivions ils avaient déjà repassé le fleuve, avec leurs prisonniers.

Ce fut dans cette circonstance que j'eus l'occasion d'observer, pour la première fois, la loquacité et la belle humeur du général Sébastiani, qui essayait par ce moyen de pallier l'effet produit par son imprudence. Avec de grands gestes, il essayait d'expliquer ce qu'il attribuait à de la malchance. Son discours s'adressait au major prussien de Werther, au colonel polonais Neninsky, et au colonel wurtembergeois comte Truchsess de Waldburg-Wurzach (tous trois commandaient les régiments de la brigade d'alliés de sa division).

Trois jours plus tard, le 18, nous arrivions au voisinage du camp retranché russe de Drissa. Beaucoup d'entre nous sentirent leur cœur battre plus vite en approchant de la grande redoute qui était d'une hauteur inaccoutumée et pourvue de nombreuses meurtrières. Plus nous approchions, plus le silence devenait profond. On n'entendait pas le moindre cliquetis d'armes, les hommes ne toussaient pas, les chevaux ne hennissaient pas. A chaque instant nous pensions être reçus par les bouches à feu, et nous continuions à approcher sans bruit. Mais, tout à coup, le silence fut rompu par de formidables éclats de rires. Il n'y avait plus ni un homme, ni un canon dans la redoute géante. Un petit paysan, que nous avions d'abord pris pour une sentinelle, se promenait au sommet ; les patrouilles envoyées en reconnaissance nous apprirent bientôt que les Russes l'avaient abandonnée de grand matin.

Les marches pénibles et les privations de toute sorte nous avaient fait perdre beaucoup d'hommes et de chevaux. Après que l'abandon par les Russes de leur camp de Drissa fut confirmé, nous repartîmes pour Disna où nous arrivâmes le 22 dans la soirée.

L'après-midi suivant, nous arrivâmes sous une pluie battante au bord de la Dwina, qu'il nous était prescrit de franchir immédiatement. Il n'y avait pas de pont ; nous n'étions pas arrivés à nous sécher depuis plusieurs jours, et un bain froid ne souriait à personne, d'autant plus que nous étions tous plus ou moins malades. La rivière, à cet endroit, était large de 80 à 90 pieds. L'eau bouillonnait entre de gros blocs de pierre. Je suivis le premier escadron qui descendit sur la rive, et, comme je l'avais déjà fait précédemment, je demandai à deux sous-officiers bien montés la permission de me placer entre eux. Ils y consentirent volontiers, et nous gagnâmes l'autre rive très rapidement et très facilement, mais nous fûmes trempés jusqu'au niveau des premières côtes. Personne ne se noya. Il n'en fut pas de même pour les régiments suivants. Nous nous empressâmes d'allumer du feu pour nous réchauffer, mais la pluie persistante ne nous permit pas de faire sécher nos vêtements.

Nous étions remplis de compassion pour deux femmes du régiment, montées sur de petits chevaux, et que leurs vêtements et leurs bagages avaient entraînées dans l'eau à une plus grande profondeur que nous. Elles étaient mariées à deux maréchaux des logis. L'une d'elles, Mme Wörth, se montrait si pleine de tact qu'elle était traitée avec les plus grands égards par les officiers, et avec beaucoup de respect par les soldats. L'autre, l'aimable Mme Weiler, se rendait utile à tous par sa connaissance de la langue polonaise.

Quand la division tout entière eut traversé le fleuve, nous remontâmes son cours, et, le soir, nous établîmes nos cantonnements dans un domaine que son propriétaire n'avait pas abandonné. Il partagea très volontiers et très généreusement ses provisions avec nous. Rien ne pouvait nous arriver plus à point, affamés et trempés comme nous l'étions. J'eus la joie de coucher sous un toit de grange, ce qui ne m'était pas arrivé depuis que nous étions entrés sur le territoire russe.

Le 24 juillet dans l'après-midi, une bonne route nous amena à Polotsk, sur la rive droite de la Dwina. Nous étions les premiers ennemis qui entrions dans la ville. Les habitants effrayés se cachèrent et nous ne vîmes guère que quelques juifs.

Nous campâmes dans les beaux champs de céréales qui bordent la route de Saint-Pétersbourg. Le général Montbrun, commandant le deuxième corps de cavalerie, avait établi son quartier dans une propriété située en avant de notre front, et se tenait sur le balcon avec des messieurs et des dames. La journée avait été belle, et la soirée était délicieuse. J'allai en ville pour renouveler mes provisions de pharmacie, car il y avait de plus en plus de diarrhée. Le pharmacien allemand fut très complaisant. Il est vrai que je n'eus pas les exigences de certains de mes collègues venus après moi, et que je me contentai de prendre ce qui pouvait être emporté à cheval. Ce pharmacien me parla de l'empereur de Russie, de l'armée russe qui avait abandonné Polotsk la veille, et des prisonniers qu'on avait emmenés. Il me donna des nouvelles du prince de Hohenlohe, qui avait reçu six blessures. Je trouvai à dîner dans une hôtellerie juive, et je rentrai au camp.

Nous fûmes rejoints, dans la nuit, par la cavalerie légère du maréchal Ney. La faim avait poussé les cavaliers à entrer dans la ville, qu'ils avaient pillée, rapportant au camp beaucoup de choses inutiles.

Le 25 juillet, nous remontâmes la rive droite de la Dwina sur une bonne route dans la direction de Witebsk. La cavalerie légère de Ney, qui marchait en tête, atteignit vers midi l'arrière-garde russe et il y eut un engagement. Quand nous arrivâmes, nos morts étaient déjà enterrés. On disait que nous avions affaire au général russe Doktouroff.

Le jour suivant, tout fut calme jusque vers le soir. Nous avions déjà installé notre camp à droite de la route, dans un espace planté de genévriers, quand quatre régiments de cavalerie légère bavaroise passèrent au grand trot, se dirigeant vers le bois pour le traverser. Les cavaliers, qui venaient de passer la Dwina à la nage comme nous, ruisselaient d'eau. Les derniers régiments n'avaient pas atteint la forêt que les premiers étaient déjà aux prises avec les

Russes ; et il fut bientôt évident qu'il faudrait renoncer à nous reposer.

En effet, un aide de camp français arriva, bientôt, au galop et hors d'haleine : « A cheval, à cheval, la cavalerie russe en grand nombre, en masses énormes ! » Monter à cheval, nous élancer au trot, puis au galop, à travers le bois fut l'affaire d'un instant. Quand nous arrivâmes, les Russes s'éloignaient déjà, continuant leur retraite sur Witebsk. Nous retournâmes à notre camp de genévriers, où ni les hommes, ni les chevaux n'eurent rien à se mettre sous la dent.

Le 27, au lever du soleil, nous reprîmes le chemin où nous nous étions engagés la veille, et nous trouvâmes des cadavres de Russes et de Bavarois dans les fossés de la route.

La canonnade que nous entendions depuis la veille, sur la rive gauche de la Dwina, devenait de plus en plus violente à mesure que nous nous rapprochions. Une fois sortis du bois, la ville de Witebsk nous apparut avec ses maisons, ses couvents, ses églises, qui émergeaient d'un nuage de fumée. C'était un spectacle admirable. Nous approchions toujours, nous en arrivions à distinguer le feu des Russes de celui des Français. Nous étions tranquilles sur le succès de **nos** armes, car il nous semblait voir les nuages de fumée se rapprocher de plus en plus de la ville. Pourquoi notre cavalerie, qui comptait plus de 4.000 hommes ne prit point part à cette affaire, c'est ce qui ne nous fut expliqué que le jour suivant. La scène sanglante qui se déroulait sous nos yeux prit fin vers le soir. Nous campâmes à une lieue au nord de la ville, séparés des Russes par une colline et par le fleuve.

Le lendemain 28 juillet, tandis que le plus grand tumulte régnait parmi nous, tout était silencieux sur l'autre rive. Des nuages de fumée enveloppaient la ville, et montaient dans le ciel ou le soleil se levait. C'était un spectacle imposant. Nous apprîmes que les Russes, que nous poursuivions depuis Polotsk, avaient brûlé le pont de Witebsk derrière eux, rendant par là toute poursuite impossible, que Napoléon avait envoyé la veille trois aides de camp nous porter l'ordre de passer le fleuve en amont de la ville pour tourner les Russes, mais que tous trois s'étaient noyés. Du reste, Napoléon était vainqueur et occupait la ville.

En même temps que ces nouvelles, l'ordre nous parvenait de nous mettre en marche. Nous prîmes à droite, et parcourûmes une lieue environ à travers les champs et les bois. Nous rencontrâmes une propriété dont la laiterie fut instantanément dévalisée, et nous arrivâmes au bord de la Dwina.

C'est là que le passage devait s'effectuer. Nous étions encore les premiers. La moitié du régiment entra dans l'eau, qui montait jusqu'à la ceinture. Je pris les mêmes précautions que la fois précédente, mais nous trouvâmes un fond de sable et nous n'eûmes pas à nager. Des paysans, qui avaient de l'eau au-dessus du menton et dont les mains, la tête aux cheveux blancs et la barbe émergeaient seuls, nous montraient par gestes la direction que nous devions prendre. Ils ne pouvaient parler sans s'exposer à boire. Nous atteignîmes heureusement l'autre rive.

Après avoir traversé un bois, nous arrivâmes au champ de bataille, où s'était déroulée l'action des deux derniers jours. Les morts étaient nombreux; les blessés gémissaient en demandant du secours, les chevaux hennissaient. Je me sentis envahi d'un immense sentiment de mélancolie et de compassion. La rapidité de notre marche nous entraîna vite loin de ces scènes de douleur. Je mis cependant pied à terre pour prêter assistance à quelques blessés russes, assis sous des arbres, et dont les plaies n'avaient pas été pansées.

Nous fîmes halte tout près de la ville, dans un ancien camp russe, et, favorisés par le beau temps, nous nous occupâmes de faire sécher nos vêtements. Puis j'allai en ville pour tâcher de me procurer des médicaments, mais ce fut en vain. Je ne trouvai pas davantage à manger, et je dus me contenter d'un morceau de glace pour calmer ma soif.

Pendant ce temps, des régiments traversaient la ville. De grandes masses de cavalerie se réunissaient à l'ouest, sur une route, puis elles se divisaient. Nous nous dirigeâmes à notre tour vers le Sud, et laissâmes bientôt Witebsk loin derrière nous.

CHAPITRE IV

LE COMBAT D'INKOWO

L'aspect d'un camp qui semblait avoir été abandonné tout récemment par les Russes nous fit précipiter notre marche, en quittant Witebsk. Nous poursuivîmes très loin les fuyards, sans pouvoir les rattraper. Nous nous arrêtâmes dans une jolie petite ville pour faire du fourrage et manger ce que les soldats purent se procurer ; après quoi nous repartîmes, tard dans la soirée, pour bivouaquer un peu plus loin. Tout était silencieux et paisible, la journée était belle et chaude. Nous avions devant nous un grand lac, dont l'eau pure et transparente nous donna l'envie, aussitôt satisfaite, de nous baigner : mais nous fûmes tous obligés, officiers et soldats, de laver nous-mêmes notre linge et de le faire sécher sur le rivage, pendant que nous nous baignions.

Nous étions depuis longtemps habitués à tous les métiers, fendre du bois, faire le feu, abattre les bêtes de boucherie, faire la cuisine, faucher l'herbe et le grain : mais il nous paraissait particulièrement dur d'avoir à faire l'office de lavandières. Plus tard, nous apprîmes à moudre le grain et à cuire le pain.

Auprès de la petite ville de Ljasna, un ruisseau ombragé nous offrit sa fraîcheur, qui nous aida à passer une soirée agréable. Nous avions trouvé de la nourriture pour nous, et du fourrage pour nos chevaux.

Le jour suivant, par contre, nous bivouaquâmes dans un champ inculte, au bord de la route de Rudnya. Nous avions à droite un bois de sapins, et à gauche un lac avec un moulin. Rien ne nous protégeait contre les ardeurs du soleil. Les hommes étaient pâles et affaiblis par la diarrhée. La chaleur du jour, à laquelle succédaient des nuits très froides, une nourriture défectueuse et une eau malsaine aggravaient leur état. C'était pitié de les voir, presque tous, invoquer leur état de santé, leur épuisement et l'impossibilité pour eux de se tenir debout, quand ils étaient commandés de garde ou de patrouille. Cependant, il fallait marcher à son tour, sans quoi le bâton se mettait de la partie.

Le lendemain, à l'aube, nous entendîmes tout près du camp deux détonations coup sur coup. On cria : A cheval ! à cheval ! Le colonel, qui s'était rendu en hâte à l'endroit d'où partait le bruit, revint en me demandant. J'avais déjà le pied à l'étrier. Il me pria de le suivre aussi vite que possible. Deux officiers de hussards polonais s'étaient battus en duel. L'un des deux était mort. L'autre s'était sauvé sur-le-champ, avec son second. J'examinai le cadavre, je déboutonnai le dolman : mais la balle avait entraîné le brandebourg d'or avec elle, dans la cavité thoracique, sans même l'arracher. Je le tirai, et découvris alors la poitrine blanche du jeune homme. Il n'y avait pas d'hémorragie, mais la respiration avait cessé. J'introduisis l'index dans la plaie, et constatai que le cœur avait été traversé.

Pendant ce temps, les régiments s'étaient remis en marche. Mon colonel, plusieurs officiers polonais, et moi nous restâmes auprès du cadavre. L'officier adjoint polonais visita les vêtements du mort, et, sans que je le demande, partagea avec moi le contenu de ses poches. Il prit la pipe et le briquet, et me donna une jolie tabatière avec le portrait de Nelson, un canif, et quatre roubles en argent. Il y avait encore une saucisse dans la sabretache : *Partes æquales, amice !* me dit le Polonais en la partageant avec son sabre. Et cette moitié de saucisse fut pour nous, dans les circonstances présentes, un régal infiniment précieux.

Enfin, nous rejoignîmes les nôtres, et nous dépassâmes Rudnya, la dernière ville habitée par des juifs.

Nous nous dirigeâmes à l'ouest de Rudnya et nous aperçûmes bientôt une propriété d'aspect fort agréable. Le bâtiment principal, en pierres, à trois étages, était situé sur le versant d'une colline en pente douce. Il était adossé à une sombre forêt de sapins, et entouré de champs où la récolte était presque mûre.

Nous vécûmes là quelques journées très agréables. Nous avions du fourrage pour nos chevaux, du pain et de la viande pour nous. Le temps était beau et chaud. Les soldats s'amusaient avec des balançoires installées sur la route.

Le seul point noir était la mauvaise eau dont nous disposions, et qui augmentait la diarrhée parmi les hommes et les chevaux. Notre commandant savait certainement que nous devions faire, en cet endroit, un séjour un peu prolongé, car il envoya, peu après notre arrivée, un sous-officier parlant bien le polonais, avec six hommes, à la recherche de provisions. Le sous-officier resta longtemps absent; nous le croyions perdu, quand il revint avec plusieurs voitures fortement chargées. Elles furent les bienvenues. Bonnes ou mauvaises, avariées ou non, toutes les provisions furent dévorées.

Mais les nouvelles rapportées par le messager assombrirent les visages, que la vue des provisions avait réjouis. « A partir d'ici, le pays nous est hostile, dit-il. Les habitants sont prêts à se défendre ou à fuir. J'ai été mal reçu partout. Personne ne voulait rien me donner. J'ai été obligé de m'emparer des vivres par la violence, malgré les menaces et les malédictions. Les paysans sont munis de piques, et beaucoup ont des chevaux. Les femmes sont décidées à fuir, et nous sont aussi hostiles que les hommes. Ceux-ci se communiquent les nouvelles à cheval, ou au moyen de signaux, et les nobles les commandent. »

Nous apprîmes aussi que Napoléon était à Witebsk, qu'il y faisait faire des retranchements, fabriquer du pain, et qu'il y passait l'inspection de sa garde.

Nous étions là depuis sept jours quand, le 8 août au lever du soleil, un cri retentit : « L'ennemi ! » En même temps, des coups de feu se firent entendre, et les trompettes sonnaient encore l'alarme que les Russes étaient déjà là, poursuivant dans le plus grand désordre les régiments français d'Inkowo. Cette fois encore, comme en d'autres circonstances, ce fut grâce au sang-froid des troupes alliées, s'avançant dans un ordre parfait, que l'élan des Russes fut arrêté. Les uhlans prussiens repoussèrent avec succès l'aile droite des Russes. Nos chasseurs étaient occupés au centre tandis que les hussards polonais défendaient la route par laquelle nous devions nous retirer, et contenaient les Cosaques. C'est là que l'on nous lança des flèches pour la première fois. Un officier polonais en reçut une dans la hanche droite, et l'un de nos chasseurs en eut une autre qui pénétra dans ses vêtements. Nous les gardâmes longtemps toutes deux, comme souvenir.

Cependant les Russes étaient trop supérieurs en nombre pour que nos trois régiments, déjà très réduits, pussent résister. Notre brigade recula d'abord dans le plus grand ordre, mais elle fut bientôt culbutée et refoulée vers Rudnya, située à plus d'un mille de notre camp. L'arrivée du général Montbrun, avec de la cavalerie fraîche et de l'artillerie légère, nous sauva et mit fin à l'affaire.

Pendant ce temps j'avais placé mes blessés en sûreté, et je me trouvais avec eux à l'endroit où l'artillerie würtembergeoise avait mis ses pièces en batterie. Les nôtres se retiraient sur Rudnya, les Russes sur l'endroit que notre camp occupait précédemment, et les troupes nouvellement arrivées restaient à l'endroit où elles nous avaient dégagés.

Nous prîmes un peu de repos derrière Rudnya, dans une vallée couverte de prés et arrosée par un ruisseau, où nous pûmes méditer sur les pertes que nous venions de subir. L'aide de camp de Batz, s'étant aventuré trop loin dans la fièvre de l'action, fut fait prisonnier. Le colonel comte de Waldburg-Wurzach, dans le mouvement de retraite qui nous fit traverser l'endroit où était établi le camp des hussards polonais, eut la malchance que son cheval se trouvât pris dans une corde qu'il voulait sauter. Il tomba, fut blessé et fait prisonnier avec tous ceux qui s'étaient précipités pour lui porter secours. Un jeune officier nommé de Harnstein, qui, blessé et tombé à terre, continuait à se défendre, fut blessé de nouveau et, cette fois, mortellement.

Un quatrième, Schönhammer, que tout courage abandonna, à supposer qu'il en eût jamais eu, se comporta de telle sorte que les autres officiers ne lui adressèrent plus la parole. Il fit toute la campagne dans les bagages, fut pris plus tard avec eux, et enfin cassé.

Nous perdîmes des trompettes, des clairons, des sous-officiers. Beaucoup de chasseurs furent tués ou fait prisonniers. Les blessés qui m'avaient été confiés échappèrent à la captivité.

CHAPITRE V

SMOLENSK. — EN ROUTE VERS MOSCOU

Notre insuccès d'Inkowo acheva de déprécier à nos yeux le général Sébastiani. Ce fut cet insuccès qui décida Napoléon à abandonner Witebsk. Quand, au bout de deux jours, nous nous mîmes en marche dans la direction de Lubowtsy, nous rencontrâmes de l'infanterie française et la jeune garde à pied ; les troupes étaient arrivées dans la nuit et prenaient quelques heures de repos.

La pensée d'être regardés par elles comme les vaincus et les fuyards d'Inkowo nous fit passer timidement, sans nous arrêter.

Le jour suivant, par un temps pluvieux, nous arrivâmes à la petite ville de Lubowtsy, dont les maisons de bois assez espacées s'étagent sur des collines. La ville était toute entourée de cultures de choux. J'appris là un nouveau procédé pour faire du pain. Des grenadiers français étaient occupés, les uns à former de la pâte, les autres à la faire cuire. Pour cela, assis autour du feu, ils mettaient cette pâte à même la braise et la cendre brûlante, en la remuant avec la lame de leur sabre pour éviter qu'elle ne brûlât. Quand le pain ainsi obtenu était cuit, d'autres grenadiers le nettoyaient, enlevant les morceaux de charbon et la cendre qui y avaient adhéré, et le mettaient de côté. On partageait quand tout était terminé. Pendant ce temps, nos chasseurs faisaient cuire des légumes et dénichaient du miel dans les arbres de la forêt, où des abeilles avaient installé leurs ruches. Ils en rapportèrent une grande quantité. C'était justement le jour de mon trente-deuxième anniversaire.

De là, on se porta rapidement sur Smolensk, et nous rencontrâmes enfin des masses d'infanterie et d'artillerie. Mais, au bout de peu de jours, nous fûmes séparés de l'armée. Nous parcourûmes le pays en tous sens sans rencontrer l'ennemi. Il n'y avait que des paysans en train de faire la moisson, qui ne se préoccupaient pas de nous, et continuaient tranquillement leur travail quand nous ne passions pas trop près d'eux. Je ne saurais nommer les pays que nous avons traversés. Il était impossible de se renseigner, parce que les habitants des villages se cachaient ou s'enfuyaient ; et quand nous interrogions nos Polonais, nous avions de la peine à retenir les noms étrangers qu'ils nous citaient. Nous traversâmes plusieurs fois le Dniéper et d'autres rivières ; nous rencontrions des routes sur lesquelles nous pouvions reconnaître, aux traces laissées par les fers des chevaux et les roues des voitures, si c'étaient les Russes ou les nôtres qui y avaient passé. Chaque armée, d'ailleurs laisse derrière soi une odeur particulière qui ne trompe pas les vieux routiers. Enfin les troupes perdent toujours quelque objet qui permet de déterminer leur nationalité. C'est ainsi que l'un de nous trouva une flèche et une arme longue d'une aune, qui tenait à la fois du couteau et du sabre, et qui avait dû appartenir à un Bachkir. Un officier protesta contre l'emploi de telles armes, à quoi celui qui l'avait ramassée, le lieutenant Blattmacher, répondit : « A la guerre, l'essentiel est de vaincre; les armes importent peu : faucilles, faux, piques ou autre chose. »

L'aspect d'un camp abandonné renseigne en général plus difficilement sur les troupes qui y ont séjourné, mais, dans la guerre actuelle, les

Russes se trouvant dans d'excellentes conditions hygiéniques et les nôtres étant atteints de diarrhée, les excréments d'hommes et de chevaux indiquaient tout de suite quelles étaient les troupes qui l'avaient occupé.

Nous gagnâmes ainsi Mohilew. Les soldats ne savent presque jamais quel but ils poursuivent. Les commandants ne le savent pas toujours non plus. Nous pensions que notre division, restée en arrière de l'armée, avait pour mission de protéger ses derrières, et d'assurer sa liaison avec d'autres corps.

Nous ne prîmes aucune part aux combats qui se livrèrent à Smolensk et autour de Smolensk : mais nous approchâmes assez de la ville pour la voir livrée aux flammes. Nous traversions à ce moment des régions riches, encore épargnées par la guerre, et où nous trouvions tout ce dont nous avions besoin. Il faut en excepter Mohilew, et plus tard Inkowo, Rudnya, Ljasna, que nous retraversâmes.

A Inkowo, nos morts n'étaient pas encore enterrés. A Ljasna, on avait établi un lazaret würtembergeois dont le médecin en chef m'était bien connu depuis les campagnes du Rhin. Je le trouvai, lui, si gai d'habitude, dans une disposition d'esprit très mélancolique. Il augurait mal de la guerre, et ne pouvait se résigner aux privations qu'il endurait. De plus, il se croyait retardé dans son avancement, et il était malheureux en ménage. Enfin la plupart des malades qui lui avaient été laissés mouraient, soit à cause de la forme très grave de diarrhée dont ils étaient atteints, soit parce que tout lui manquait pour les soigner. Tout lui manquait également pour soutenir les convalescents. Il n'avait à leur donner ni viande, ni boissons fortifiantes. On ne distribuait que de maigres portions de pain et de farine, comme dans une ville assiégée. J'appris plus tard que ce confrère reçut l'ordre de rejoindre l'armée avec les convalescents et de mettre ses malades en sûreté à Smolensk. Trompé dans toutes ses espérances, ne pouvant plus supporter les privations qu'il endurait, il fit ce que beaucoup d'autres avaient déjà fait ou devaient faire par la suite : il mit fin à ses jours en se tranchant la gorge d'un coup de bistouri.

Nous quittâmes notre camp de Ljasna, et, en décrivant un grand arc de cercle pour laisser Smolensk à notre droite, nous arrivâmes à Duchowtschina. Pendant cette longue route, nous ne fûmes inquiétés qu'une seule fois par les Cosaques.

A la fin du mois d'août, nous arrivions à Dorogobouge, où nous traversions le Dniéper, et nous prenions la grande route, devenue si célèbre, qui mène de Smolensk à Moscou.

Le pays que nous venions de traverser depuis Inkowo était, à quelques exceptions près, beau et très fertile. En dehors des champs de céréales très riches, nous rencontrions de superbes vergers ; et quand nous arrivions dans les grandes fermes des environs de Mohilew et de Smolensk avant que leurs habitants les eussent abandonnées, nous pouvions nous rendre compte de la richesse des troupeaux. Maintenant, en approchant de Dorogobouge, la scène changeait, le pays était dévasté.

Le faubourg de Dorogobouge, situé sur la rive droite du Dniéper et construit tout en bois, était complètement abandonné. Le 1er septembre, de grand matin, nous passâmes le fleuve sur un pont solidement bâti. La ville qui s'étend le long du Dniéper, comme Heidelberg le long du Neckar, était en ruines. Les murs calcinés des maisons se dressaient, tout noirs, des deux côtés des rues. Les flammes n'avaient épargné qu'une église et quelques maisons. Les maisons étaient occupées par des soldats westphaliens en train de faire du pain, et l'église, la première église russe dans laquelle il me fût donné de pénétrer, avait été complètement pillée.

C'est à Dorogobouge que nous fûmes mis au courant des événements. Napoléon vainqueur s'approchait de Moscou à marches forcées. Il devait être présentement à Wiasma. On nous dit que, tout le long de la grande route, les mêmes scènes de dévastation nous attendaient, et on nous conseilla de nous pourvoir du nécessaire, parce que nous ne trouverions rien, ni pour nous, ni pour nos chevaux. Mais où prendre ce nécessaire? Il fallut partir en nous en remettant à la fortune.

Nous nous mîmes donc en marche sur la route dévastée. De bon matin, nous croisâmes un courrier envoyé par Napoléon de Wiazma à Wilna. Il nous cria, sans s'arrêter, de nous hâter pour prendre part à la grande bataille qui se préparait. Nous fîmes 42 verstes dans la journée.

A mi-chemin, nous aperçûmes un couvent situé à environ une verste à droite de la route : le couvent de Boldin. Le bruit se répandit parmi les soldats, que c'était un couvent de femmes et que les Français y avaient trouvé l'amour après le pillage. Le soir, nous établîmes notre bivouac dans une ferme, et nous obtînmes du grain mûr pour nos bêtes fatiguées. Le lendemain, même aspect. Ce n'étaient que maisons et villages incendiés, abandonnés, ou pillés. On rencontrait des baraques de campement, russes ou françaises, avec des débris de vêtements, des roues et des chariots cassés, des harnais, enfin des cadavres et des bêtes de trait ou de boucherie crevées. Aucun habitant ne se montrait, même quand nous nous éloignions de la route à la recherche de fourrage ou de nourriture. Les bois avoisinants portaient, aussi bien que les villes et les villages, des traces de cette guerre dévastatrice.

Nous commencions à rencontrer des traînards. Quelquefois nous voyions de petites voitures attelées d'un ou deux maigres chevaux, chargées de quelques provisions, et occupées par trois ou quatre grenadiers ou soldats de la garde. Elles étaient généralement entourées de soldats, succombant à la fatigue ou au poids de leurs armes et de leur fourniment. On voyait des cuirassiers énormes montés sur de petits chevaux polonais, si petits que les jambes de leurs cavaliers traînaient à terre. Souvent ces cavaliers étaient entourés de camarades à pied. Des maraudeurs, attardés à la recherche de nourriture et quelquefois blessés, allaient en groupes, tantôt risibles, tantôt pitoyables, vers la Grande Armée et par delà, vers le grand but ardemment désiré: Moscou.

Tout en luttant péniblement contre les privations, nous arrivâmes le 4 septembre à Wiazma. La partie de la ville que nous abordions avait souffert du pillage, mais pas encore de l'incendie. L'autre partie, au contraire, que nous traversâmes pour prendre le chemin de Ghatsk et Mojaïsk, complètement incendiée, fumait encore.

Nous rencontrâmes plusieurs officiers et soldats blessés appartenant à la cavalerie légère de Murat, qui nous racontèrent que la cavalerie russe avait fait, en arrière de la ville, une résistance opiniâtre, et qu'il y avait beaucoup de blessés. Plus loin, nous trouvâmes des barricades de chariots et des feux de bivouac. Il y avait des blessés et des cadavres. Tout indiquait que nous approchions de la Grande Armée.

Nous campâmes à un mille de Wiazma, dans une propriété située à une lieue à droite de la route, au bord d'un ruisseau et à proximité d'un village. Nous trouvâmes là tout ce qui était nécessaire à notre nourriture et à celle de nos chevaux. Cela me mit dans une excellente disposition d'esprit. Je me promenai dans les allées du parc. Je me sentais autant d'entrain que si j'avais passé ma soirée au Prater à Vienne.

Dans la nuit et le matin suivant, le froid fit son apparition. Il devint plus vif dans la nuit du 5 septembre comme nous approchions du petit village de Ghatsk. Les cavaliers commençaient à endosser des pelisses et à se coiffer de bonnets en peau de mouton. Cet accoutrement donnait lieu à d'inépuisables plaisanteries. Le major de Gaisberg me fit cadeau d'une pelisse, et ce cadeau, dont je lui reste reconnaissant, me fut plus précieux que de l'or. Je fus pourtant obligé de m'en débarrasser pendant la retraite, après Orcha, parce que, n'ayant plus de cheval, la pelisse me gênait pour marcher. Je l'abandonnai dans le fossé de la route.

Il nous arrivait souvent de provoquer involontairement des incendies. Nous quittions le bivouac sans avoir éteint les feux qui gagnaient la paille répandue sur la route, et de là les maisons de bois encore indemnes. Il en va ainsi à la guerre. Les trompettes sonnent, les tambours battent, on part sans se préoccuper de ce qu'on laisse derrière soi.

Ghatsk, que nous traversâmes le 6 de grand matin, avait encore peu souffert de l'incendie.

On nous dit que Napoléon y avait couché l'avant-veille. Pour la première fois, nous vîmes, suivant la coutume du pays, des fleurs disposées derrière les fenêtres.

La veille le canon avait grondé tout le jour : maintenant le silence s'était rétabli. Beaucoup de traînards rejoignaient l'armée, en hâte. Nous rencontrions aussi des blessés, la tête enveloppée de bandes ou le bras en écharpe. C'étaient des blessés de la veille. Ils avaient été atteints à l'assaut de la première redoute, à Borodino.

Parmi les traînards nous remarquions beaucoup de jeunes officiers de notre corps d'armée. Ils nous racontèrent qu'après Smolensk on avait converti en bataillons les régiments trop décimés, et que les officiers sans commandement avaient reçu l'ordre de rejoindre le quartier général. Ils montaient de petits chevaux polonais, et possédaient pour tout bagage des panetières.

A midi, nous arrivâmes à la hauteur de l'abbaye de Kolotskoï, située à gauche de la route. Les maisons avoisinantes, construites en bois, avaient toutes été la proie des flammes. Nous remarquâmes de nombreuses allées et venues d'officiers supérieurs français et de leurs domestiques, ce qui nous fit croire que Napoléon demeurait là : mais nous apprîmes qu'il s'était porté en avant pour préparer la bataille du lendemain, qui devenait le thème de toutes les conversations. Il n'y avait, à l'abbaye, que quelques personnes de sa suite et le personnel de l'imprimerie du quartier général.

De là, nous atteignîmes la Kologha, au bord de laquelle des troupes campaient en longues lignes dans toutes les directions. Entre l'abbaye et le camp il y avait, à gauche de la route, un fossé rempli de jambes, de bras et aussi de cadavres. Nous en conclûmes que Larrey et ses collègues avaient opéré à cet endroit, la veille.

Enfin notre but était atteint. Nous avions effectué notre jonction avec la Grande Armée. C'eût été pour nous un jour de fête, si les privations et l'anxiété de l'avenir n'eussent aboli toute joie en nous.

Nous attendîmes longtemps, sur la route, qu'on nous désignât l'endroit où nous devions camper. En attendant, nous nous désaltérâmes, nous et nos chevaux, avec l'eau de la rivière. C'était tout ce que nos estomacs vides pouvaient espérer obtenir. Nous ne manquions pas d'argent, car nous n'avions pas eu jusqu'ici l'occasion de le dépenser. Cependant on donna l'ordre d'en distribuer. Chacun devait recevoir ce à quoi il avait droit. La somme qui me revenait montait à 30 thalers, dont je me serais volontiers passé pour le moment, à cause de leur poids et parce que, quelque désir que nous en eussions, il était impossible de rien trouver à acheter. On nous informa, en même temps, que nos voitures avaient été réquisitionnées pour servir le lendemain au transport des blessés, et que tout ce qu'elles contenaient avait été jeté.

Enfin on nous indiqua un emplacement de l'autre côté de la rivière, derrière le corps du maréchal Ney. Nous avions, en avant de notre front, le corps déjà réduit de nos compatriotes, et derrière nous leurs bagages. Mon vœu le plus cher, qui était de revoir mes amis, se trouva immédiatement réalisé. Je retrouvai mon camarade de jeunesse, le chirurgien, E. Kœllreuter. Il était en bonne santé et semblait parfaitement reposé, tandis que, moi, je portais les traces des privations et des fatigues que j'avais endurées. Son premier mot fut pour me dire : « Tu as besoin de boire et de manger, prends ce que j'ai ! » Bien qu'il n'eût que du pain et de l'eau-de-vie, je m'estimai très heureux, car, depuis que nous suivions la grande route, nous avions été complètement privés d'eau-de-vie. Quant au pain, nous n'en avions que rarement et par très petites portions.

Mon ami avait reçu, quelques jours auparavant, des nouvelles du pays. Il me les communiqua. C'est ainsi que j'appris avec une profonde tristesse la mort de son oncle, le médecin, Jacoby, qui avait été notre maître et notre chef à tous deux. Nous restâmes ensemble jusqu'à une heure avancée, puis, chacun ayant des préparatifs à faire pour le lendemain, nous nous séparâmes en nous souhaitant bonne chance.

CHAPITRE VI

LA BATAILLE DE BORODINO

L'attente des événements nous empêchait de dormir. Nous avions pu nous rendre compte, la veille, de la position avantageuse occupée par les Russes. De hautes redoutes protégeaient leur camp, et très loin, jusqu'à la lisière d'une forêt, on voyait briller leurs armes. Nous savions qu'ils avaient beaucoup de grosse artillerie ; et nous craignions qu'ils n'eussent rassemblé toutes leurs forces pour un immense effort. Il s'agissait pour eux, comme pour nous, d'une bataille décisive.

Nous avions sur notre adversaire l'avantage du nombre et d'une plus grande expérience de la guerre, mais nous savions que les Russes combattaient avec fermeté, avec ordre, et ne reculaient pas devant la mitraille. Mes collègues mes racontèrent le fait suivant. Notre cavalerie avait poursuivi une colonne d'infanterie russe de Krasnoïe jusqu'à Smolensk. Formés en carré les Russes s'étaient retirés en si bon ordre, tout en combattant, que non seulement les attaques renouvelées de la cavalerie avaient été inutiles, mais qu'ils n'avaient pas abandonné un seul homme. Nous n'avions pas, non plus, grande confiance dans nos forces physiques. Nous avions supporté tant de privations et de fatigues que nous nous croyions plus affaiblis que nous ne l'étions en réalité.

L'infanterie et l'artillerie avaient pris leurs positions de combat dès la veille, à la tombée de la nuit. Nous montâmes à cheval à la première lueur du jour. Les hommes, ni les chevaux n'avaient rien pris. Nous nous retirâmes sur la droite, derrière un bois occupé par notre infanterie. En avant de ce bois se trouvait l'aile gauche de l'armée russe, abritée par une grande redoute. Tout était tranquille; le soleil n'était pas encore levé. On nous fit déposer les armes. Le froid était si vif que nos hommes coupèrent des genévriers pour faire du feu. La fumée montait toute droite, ce que nous interprêtâmes, en riant, comme un bon augure. Le jour venait, nous nous remîmes à cheval, et l'aide de camp comte de Gravenitz nous lut, en allemand, le fameux ordre du jour. Tels étaient son ardeur et son désir de combattre qu'au lieu de terminer l'ordre du jour par les mots qui étaient écrits : « La Moskowa », il lut : « Moscou, 7 septembre 1812. Napoléon. »

Cependant le soleil s'était levé, et la bataille était commencée. Tout à coup, en avant du bois, une clameur immense s'éleva, dominant le bruit des canons et de la fusillade comme si toutes les voix de l'Europe se fussent fait entendre à la fois, dans toutes les langues. Cela dura environs quinze minutes, puis le silence retomba. La première redoute, située à notre aile droite et à l'aile gauche des Russes, venait d'être emportée par les troupes de Ney, composées de Français, de nos compatriotes, et de Polonais commandés par Poniatowsky.

Notre position n'offrait aucun danger. Les balles n'atteignaient pas le bois, le début de la bataille n'était pour nous qu'un bruit agréable.

Bientôt cela devint plus sérieux. Nous fûmes obligés d'appuyer à gauche, mais nous restions toujours en dehors de la portée du tir. La bataille s'étendait sur toute la ligne, un bruit de tonnerre s'élevait de tous les côtés et le sol vibrait comme s'il y avait eu un tremblement de terre. On nous fit porter en avant, au trot. Dépassant plusieurs régiments, nous vînmes prendre position au centre de la ligne de bataille, devant la redoute principale, et en avant d'une grosse colonne de la garde à pied. Pendant toute la bataille, cette colonne se maintint dans la même position, sans tirer un coup et sans avoir un homme blessé. On lui avait adjoint une division d'artillerie prussienne. Cependant, l'infanterie livrait à l'ouvrage central des Russes des assauts répétés, auxquels prirent part les cuirassiers. Les balles passaient au-dessus de nos lignes de cavalerie légère sans les atteindre. J'avais découvert, tout près du front de bataille, un endroit parfait pour exercer mes fonctions. C'était un ravin au fond duquel coulait un petit ruisseau facile à franchir, et dont les pentes étaient plantées, par-ci par-là, de buissons. J'y installai mes aides et nos chevaux.

Au début, j'eus le temps de suivre des yeux le dangereux spectacle, mais le sifflement très proche de quelques projectiles m'obligea à renoncer à ma curiosité. On commençait, du reste, à apporter des blessés, Saxons, Westphaliens, Würtembergeois, et même Russes. C'étaient surtout des cavaliers, avec des blessures profondes et des membres écrasés. Il y aurait beaucoup de choses à dire sur ces blessures, sur les particularités qu'elles présentaient et sur la façon dont les blessés supportaient les pansements : mais cela m'entraînerait trop loin. Je ne veux citer que quelques exemples. Un cuirassier des gardes du corps saxons, un homme extraordinairement grand présentait à la cuisse gauche une blessure faite par un éclat d'obus. Les muscles arrachés laissaient voir le fémur à nu, du genou au grand trochanter. La plaie ne saignait pas. (Dans les plaies par arrachement, il se produit, en général, une sorte de paralysie des vaisseaux qui les empêche de saigner. Souvent les artères elles-mêmes ne saignent pas. Les plaies par instrument tranchant, au contraire, saignent toujours beaucoup.) Le Saxon se montrait plein d'énergie. Il disait : « Ma blessure est terrible, mais je guérirai vite, parce que je suis sain et que j'ai le sang pur ! » Un tout jeune officier du même régiment montrait moins de confiance. Il n'était pas robuste comme l'autre. Il était fin et délicat. Il semblait appartenir à la meilleure noblesse de son pays, et son éducation était parfaite. Une balle lui avait traversé le deltoïde. Ce n'est pas la douleur qui lui arrachait des plaintes, mais la crainte d'être estropié, la certitude de ne pouvoir compter sur aucun secours, et l'éloignement où il se trouvait de son pays. Je me sentais plein de compassion pour lui et je l'aurais bien volontiers remis aux soins de sa mère, si nous avions été à Dresde, au lieu d'être à Borodino. Les Français se montraient tranquilles et patients. Beaucoup d'entre eux moururent de leurs blessures avant que leur tour n'arrivât d'être pansés. Par contre, un Westphalien, qui avait perdu le bras droit, maudissait Napoléon et son frère, et se répandait en injures contre eux, en déplorant de ne pouvoir se venger.

A midi, l'affluence des blessés était énorme. D'autres médecins s'étaient joints à nous. Grâce à leur collaboration, les soins purent être activés. Beaucoup de ces malheureux moururent sur place. Des voitures évacuèrent ceux qui avaient reçu un premier pansement. Ceux qui appartenaient au régiment furent ramenés au camp, d'autres furent transportés dans un couvent non loin du champ de bataille, d'autres enfin dans les villages les plus proches. On n'avait pas désigné d'avance aux médecins le point sur lequel ils devaient évacuer leurs blessés.

Nous étions souvent obligés d'aller laver nos mains et nos instruments au ruisseau voisin. Des boulets ennemis passaient au-dessus de nous. Quelques-uns s'enfonçaient dans les fentes du ravin, d'autres roulaient jusqu'au fond. Comme les canons ennemis cessaient de tirer dans notre direction, j'en profitai pour aller voir ce qui se passait. Nos troupes avaient modifié leurs positions dans un sens qui me faisait bien augurer du succès. La fusillade, la canonnade, les cris et le galop des aides de camp se poursuivaient sur toute la ligne. Quelques projectiles parvenaient encore à l'endroit où je me trouvais. A trente pas de moi, je vis soudain le général de division Montbrun pâlir et tomber de cheval. Nous le connaissions depuis longtemps, et avions pour lui beaucoup d'attachement. Je me précipitai pour lui porter secours. Deux médecins français, qui étaient plus rapprochés que moi, arrivèrent les premiers. Un éclat d'obus l'avait atteint à la région de l'estomac, et blessé à mort. La blessure saignait peu. Il était devenu très rapidement pâle et jaune. Son regard si vif s'était éteint, et on voyait ses forces diminuer peu à peu. Il put, par gestes, et en articulant quelques mots, exprimer son désir d'être transporté à l'endroit où il avait passé la nuit précédente ; mais il mourut à 5 heures, à l'ombre d'une maison, près de notre camp.

L'adresse et l'agilité avec lesquelles les Français construisirent une civière qu'ils entourèrent de branches de bouleaux, pour que le blessé fût à l'ombre, les soins touchants dont ils l'entourèrent, dénotant l'estime profonde qu'ils avaient pour lui, impressionnèrent tous ceux d'entre nous qui étions venus leur apporter notre aide.

Je retournai à mon ravin. L'affluence des blessés n'était plus aussi considérable que quelques heures auparavant, car la deuxième redoute, celle qui nous faisait face au sud, avait été enlevée à son tour, et le gros de l'action s'était reporté à notre gauche, sur l'aile droite de l'ennemi, là où se trouvait l'armée italienne. Les blessés nous racontaient les scènes effroyables auxquelles ils avaient assisté pendant les assauts répétés livrés à la grande redoute. Il nous parlaient des monceaux de cadavres qui s'étaient accumulés à l'intérieur et tout autour ; de l'opiniâtreté avec laquelle on s'était battu de part et d'autre. Maintenant, on était en train de démolir la redoute, et de recouvrir les cadavres avec la terre.

Pendant ce temps, Napoléon vint à traverser notre ravin avec sa suite. Il allait lentement, ce qui nous parut indiquer qu'il était tranquille et satisfait. Nous n'avions pas encore appris à lire sur ses traits sévères qui, dans toutes les circonstances, quelles qu'elles fussent, allaient nous apparaître toujours calmes et froids.

Nous vîmes passer aussi des régiments décimés, des canons mis hors d'usage, des officiers et des soldats égarés appartenant à toutes les nationalités. Le régiment de cavalerie légère würtembergeoise du Duc Henri passa également. Il était si réduit que nous comptâmes seulement trois officiers et vingt soldats. Plus tard, je devais le retrouver plus au complet.

A mesure que le soleil déclinait, le champ de bataille se dégageait à l'endroit où se trouvaient, le matin, notre aile droite et le centre des deux armées. Les Russes avaient reporté tous leurs efforts sur leur aile droite, où ils défendaient vigoureusement leur troisième redoute contre l'armée italienne. Chacune des phases de l'assaut se traduisait, de part et d'autre, par des cris encore plus ardents, une fusillade et une canonnade encore plus violentes que pour les deux premières redoutes. On pouvait en suivre de loin les péripéties. La chance semblait favoriser tantôt l'un, tantôt l'autre des adversaires, quand, tout à coup, le silence des canons russes vint nous apprendre que la redoute était prise. En même temps, nos forces se concentraient toujours davantage contre l'aile droite des Russes, à l'endroit où la route de Smolensk à Moscou coupe le champ de bataille en traversant un bois. Nous avions désormais la certitude que, avant la nuit, la bataille serait gagnée par nous.

Mes collègues et moi, nous avions abandonné le ravin. Nous retrouvâmes notre régiment. On se lamentait sur la perte d'amis, et on nous interrogea sur l'état des blessés. A cet endroit, la bataille était terminée. Aucune balle ne parvenait jusqu'à nous. L'adjudant fit un rapport de nos pertes, et l'écrivit en s'appuyant sur le dos d'un soldat. Près du village de Gorky, l'armée italienne était encore complètement engagée. La grosse artillerie faisait un feu terrible, auquel l'artillerie russe répondait faiblement. La nuit mit fin à l'affaire. Les Russes se retirèrent à travers bois.

Nous ne manquions pas d'occupations, et la sollicitude de quelques officiers pour les blessés ne laissa pas de nous en fournir. C'est ainsi que l'un d'eux me conduisit vers un sous-officier d'artillerie russe, qui avait eu les deux jambes broyées par un obus; la peau et les muscles étaient arrachés. C'était un homme jeune, originaire de Courlande. De très bonne famille, très cultivé, il parlait parfaitement l'allemand et le français. L'officier me pria de faire un pansement au blessé, qui semblait indifférent aux soins qu'on lui donnait et ne songeait qu'à supporter bravement la douleur. Après l'avoir examiné, je lui expliquai que tout mouvement de ses jambes augmenterait l'hémorragie, qu'un pansement lui causerait de nouvelles souffrances, et que l'obscurité ne permettait pas la ligature des vaisseaux ; que, d'autre part, l'amputation ne pouvait se faire parce que la plaie était trop proche du bassin. En soupirant, il se déclara satisfait. Nous le recouvrîmes de son manteau en lui promettant de revenir le voir le lendemain matin.

La nuit était tombée, et le champ de bataille était devenu silencieux. Les régiments retournèrent aux cantonnements qu'ils avaient abandonnés le matin. Je retrouvai mes blessés, réunis autour du feu et dans un état satisfaisant. Quel que fût le manque d'approvisionnements, on avait préparé un repas pour eux. Pendant toute cette journée, je n'avais mangé qu'un morceau de pain, dont m'avait fait cadeau le médecin Barchet, du régiment royal, à qui j'avais prêté mes instruments pour une amputation, et je n'avais bu que de l'eau du ruisseau qui coulait au fond de notre ravin. Au camp, je trouvai un peu de nourriture, mais trop peu pour me rassasier. On laissa la bride aux chevaux, que la faim tourmentait. Le mien et quelques autres mangèrent, sur place, du lin qu'ils arrachaient avec les racines.

La nuit était passée. J'avais dormi près du feu de nos blessés, et je me sentais en train. Le silence qui régnait et la gaité du matin m'incitèrent à traverser le champ de bataille, pour me rendre à l'endroit où campait l'infanterie. Je pris à gauche, et, quand le soleil inonda de ses premiers rayons la masse des vivants et des morts, j'étais déjà en haut de la redoute que l'armée italienne avait enlevée la veille au soir. Je trouvai le vice-roi entouré de quelques aides de camp, se chauffant auprès du feu, enveloppés dans leurs manteaux. Le feu était alimenté par l'affût d'un canon russe. J'appris que le vice-roi avait passé la nuit à cet endroit, qu'on avait démoli la redoute, et qu'avec la terre on avait recouvert des centaines de morts et de blessés, laissés pour morts.

Cependant beaucoup de cadavres gisaient encore çà et là. Tout à coup, il se produisit une scène impressionnante. On vit un jeune Russe se relever d'entre les morts, se frotter les yeux, regarder autour de lui avec ahurissement, et se mettre lentement debout, comme si les premiers rayons du soleil et le va-et-vient l'eussent réveillé. Puis, il s'en alla dans une direction où il lui sembla devoir rencontrer peu de monde, sans que personne songeât à l'en empêcher. Il est probable, et ce fut l'avis unanime, que ce jeune homme avait eu, la veille au soir, un évanouissement dû, soit à un coup de canon tiré tout près de lui, soit à un obus qui avait labouré la terre en la soulevant à ses côtés, et qu'il avait passé la nuit parmi les morts.

Quand j'eus rejoint mon régiment, l'ordre de marche était arrivé, et l'agitation régnait partout. Les blessés devaient être transportés dans un village que nous avions vu l'avant-veille sur le côté de la route, en arrière de l'abbaye. Un médecin aide-major, son aide, et les hommes démontés la veille furent commandés pour ce service. Quant à moi, je devais suivre le régiment.

La division se dirigea sur la gauche du champ de bataille, vers la route qui mène à Mojaïsk. Avant de l'atteindre, nous nous portâmes près du chemin et du bois par où les Russes s'étaient retirés la veille. Le feu de l'artillerie avait été si meurtrier, à cet endroit, que les cadavres y étaient tombés par rangées.

Nous devions attendre là le roi de Naples. Pendant ce temps, les soldats fouillaient les morts. Leur déconvenue de ne trouver que de la monnaie de cuivre se traduisait par des expressions si drôles que nous ne pouvions nous empêcher de rire.

Nous avions été rejoints par de nombreux contingents de cavalerie. Murat, infatigable, arriva à son tour et commanda : « En avant! » Nous étions à l'avant-garde. Murat était auprès de nous. Il envoya un escadron dans le bois. Deux incidents nous retardèrent. A notre droite, dans un buisson, nous apercevions un corps que nous prenions pour un cadavre, mais qui se mit à remuer les mains et à ouvrir les yeux, quand nous nous approchâmes. C'était un officier français qui avait été blessé la veille, fait prisonnier, et déposé là. Ses blessures n'avaient pas été pansées. Il n'avait plus que sa chemise et son pantalon. Il avait passé la nuit très froide sans chapeau, ni manteau, ni bottes, là, par terre avec des plaies tout ouvertes. Il avait probablement perdu connaissance, car il semblait renaître à notre vue et s'égayer à nos paroles. Il n'était plus jeune, déjà gris et un peu chauve. Il devait avoir une longue expérience de la guerre, car, tout en nous montrant ses blessures de la veille, il nous faisait voir aussi les cicatrices de blessures reçues en Italie, en Allemagne et en Espagne. Le roi ordonna de le transporter auprès des autres blessés dans le village le plus proche. C'est moi qui en fus chargé. Mon patient pouvait marcher. Je le conduisis à Gorky, qui était rempli de blessés. Là, je le confiai aux soins de médecins italiens, et, après avoir aidé à le panser, je retournai à mon poste.

Un second incident fut l'apparition, sur notre droite, d'un essaim de Cosaques qui arrivèrent au grand galop et disparurent de même. Ils étaient probablement chargés d'une reconnaissance sur le champ de bataille, que notre présence les empêcha d'exécuter.

Quand je revins, les nôtres étaient déjà engagés assez loin dans la forêt, avec le roi. On fit halte. Des cadavres de Russes gisaient sur le chemin. Ils furent fouillés, et mes subordonnés me racontèrent avec satisfaction avoir trouvé dans leurs sacs des biscuits et du sel. L'un d'eux avait même trouvé des noix de muscade, que j'acceptai de partager avec lui, et qui nous parurent extraordinairement bonnes plus tard près de Taroutino, dans ce camp de la faim.

Nous atteignîmes lentement la lisière de la

forêt. Le soir commençait à tomber. Les lignes de cavalerie se formèrent rapidement, de part et d'autre : les Russes sur les hauteurs en avant de Mojaïsk avec leur artillerie, les nôtres adossés à la forêt. Des coups de canon furent échangés, mais bientôt les lignes se développèrent des deux côtés, et une canonnade sérieuse s'engagea J'assistai à la mort effroyable d'un colonel du génie français qui eut la tête emportée par un boulet, et dont le corps resta quelques instants encore droit sur son cheval, tandis que le sang jaillissait très haut, comme chez un décapité.

Les Russes ne reculèrent pas. Ils gardèrent leurs positions et la petite ville de Mojaïsk.

Sur la route que nous avions suivie, en quittant la forêt, se trouvait un petit village, qui avait été rempli, la veille, de blessés russes. Le feu y avait pris, et plusieurs maisons étaient réduites en cendres. On nous fit voir les squelettes et les membres calcinés des malheureuses victimes qui, blessées à Borodino, avaient été transportées là au prix d'horribles souffrances pour y devenir la proie des flammes.

Nous quittâmes la route et prîmes à droite, en faisant toujours front à l'ennemi. Nous en étions nous-mêmes très rapprochés. Pendant qu'on s'observait de part et d'autre, un officier de cosaques vint provoquer l'un des nôtres : le lieutenant de Mensingen. Tous deux se battirent au sabre, devant le front des deux armées, sans pouvoir s'atteindre, tant ils paraient bien, l'un et l'autre, les coups de l'adversaire. Tous les yeux étaient fixés sur eux. A la fin, fatigués de ce duel sans résultat, ils regagnèrent chacun leurs positions, comme s'il s'agissait d'un simple spectacle.

Il faisait déjà noir, le temps était pluvieux et froid, quand nous atteignîmes l'endroit où nous devions camper, derrière un village situé sur une hauteur, à environ une lieue à droite de Mojaïsk. Les chevaux à peine attachés et le feu allumé, une partie des hommes se répandit dans le village, à la recherche de vivres. Ils rapportèrent un si riche butin qu'on put espérer se rassasier enfin. Ils nous racontèrent qu'ils avaient rencontré, dans le village, des Russes venus dans les mêmes intentions qu'eux, que de part et d'autre on s'était laissé passer, et que le camp de la cavalerie russe était à la même distance du village que le nôtre. Du reste, nous entendions les bruits de leur camp, comme ils entendaient probablement les nôtres, et leurs feux comme les nôtres illuminaient la nuit.

C'est bien ici le cas de dire que la nature réclame toujours ses droits. Depuis Smolensk, nous n'avions cessé d'être opposés les uns aux autres, depuis deux jours nous nous battions sans relâche, et les nuits, après la bataille, devaient être employées à se procurer de la nourriture pour les hommes et les chevaux. Si les réquisitions avaient été dirigées par des officiers, l'alarme aurait été jetée dans les deux camps. Les hommes, au contraire, ne cherchèrent aucun motif de querelle. Et c'est à cela que nous fûmes redevables de pouvoir manger à notre faim, et nous reposer pendant la nuit.

CHAPITRE VII

A MOSCOU

Dans la matinée du 9 septembre, les Russes abandonnèrent Mojaïsk pour se former en arrière de la ville et sur le côté de la route, en plusieurs colonnes serrées. Il se produisit des combats de tirailleurs; des coups de canons furent échangés. Les deux lignes de cavalerie étaient très rapprochées. Il y eut bientôt des blessés et je pus observer un cas très rare. Un chasseur avait reçu d'un Cosaque un très violent coup de lance. L'arme, pénétrant au niveau de l'angle interne de l'orbite, avait énucléé l'œil et on voyait le globe, absolument intact pendant en dehors de l'orbite, rattaché par ses muscles et par le nerf optique. La plaie ne donnait lieu qu'à un écoulement sanguin insignifiant. Le blessé était resté debout, se plaignant d'une atroce douleur. L'œil était maculé de terre. On put le laver, le replacer dans l'orbite et l'y maintenir avec des compresses d'eau froide. Je n'ai plus jamais entendu parler de ce malheureux, pas plus que des autres soldats blessés en même temps que lui.

La région qui entoure Mojaïsk, et tous les abords de la route de Moscou, étaient très fertiles. Nous trouvâmes des quantités de gerbes disposées en meules régulières. Les Cosaques avaient bien reçu l'ordre d'y mettre le feu, et l'exécutaient ponctuellement : mais souvent nous arrivions à temps pour les en empêcher.

Aux haltes, on donnait à manger aux chevaux ces gerbes, dont les hommes avaient arraché les épis. C'était souvent la seule nourriture que nous pussions nous procurer. La route était bien entretenue, les bois plantés de beaux arbres. Toutes les propriétés, les villages, les fermes dénotaient un grand bien-être.

A partir de ce moment, il y eut des combats tous les jours. On était à cheval du matin au soir, les lignes des deux armées en face l'une de l'autre et souvent très rapprochées. Il y avait surtout des engagements de cavalerie et d'artillerie ; il était rare que l'infanterie donnât. Tous les jours nous voyions des blessés et des morts.

Les Russes disposaient leurs colonnes dans la plaine. Ils occupaient les bois de façon que nous ne pussions y pénétrer que lentement, et à leur gré. A la sortie, nous étions accueillis par des décharges d'artillerie souvent si violentes, que nous étions obligés de faire halte pendant des heures entières, tandis que les boulets sifflaient dans les branches, au-dessus de nos têtes. Souvent même ces boulets, en retombant, blessaient ou tuaient de nos hommes.

Le troisième jour, en traversant une grande plaine cultivée, où nos adversaires avaient campé la nuit précédente, nous trouvâmes deux têtes de cheval fraîchement coupées. Ce fait nous donna à penser que le camp avait été occupé par des Bachkirs : car ceux-ci passaient pour n'aimer que la viande de cheval. Au lieu de la faire cuire, ils la mettaient pendant douze à vingt-quatre heures sous leur selle, et la mangeaient quand elle était devenue suffisamment tendre.

Nous continuions à pourvoir, tant bien que mal, à notre subsistance. L'armée qui nous suivait et la garde impériale étaient encore plus mal partagées que nous, et devaient se contenter de viande de cheval. Aussi souhaitait-on ardemment atteindre Moscou, où chacun pensait pouvoir manger à sa faim, et où la paix nous attendait sûrement, ainsi que l'avait promis l'Empereur.

L'avant-veille de notre arrivée dans la ville des Tzars, on combattit toute la journée à cheval, avec le bruit incessant de la canonnade dans les oreilles. Nos adversaires redoublaient d'activité et nous nous croyions à la veille d'une bataille. Nous pensions, en tout cas, que Moscou serait vigoureusement défendue. La nuit était venue et nous n'avions pas encore atteint l'endroit où nous devions camper. Nous allions à droite de la route, parmi des buissons et des petit bois. Enfin on nous fit faire halte dans un de ces bois. Il était difficile d'allumer du feu avec les branches d'arbres humides : mais telle est l'ingéniosité du soldat qu'on en vint à bout. Les chevaux étaient fatigués et impatients ; nous avions l'ordre de ne pas les débrider. Ils mangèrent des feuilles et de l'herbe. Quant à nous, nous dûmes nous passer de manger.

Le lendemain, 14 septembre, nous reprîmes la grande route, qui nous rapprochait insensiblement du but. Les régiments se rassemblaient en toute hâte, avec de l'artillerie. Tout indiquait qu'une action sérieuse se préparait, et nous vivions dans une attente anxieuse. Tout à coup, un grand silence se fit, et l'annonce d'un armistice se répandit rapidement. Cependant, notre impatience était surexcitée par la proximité de Moscou, que nous distinguions maintenant à une demi-lieue devant nous. Son étendue me semblait supérieure à celle de toutes les autres grandes villes que j'avais vues jusqu'ici. Notre faim était telle que nous dévorâmes des baies de genévriers pendant que nos chevaux mangaient les arbustes. Enfin, nous nous remîmes en marche.

A droite de la route, dans un champ, Napoléon, en redingote grise, passait à cheval. Il s'était porté à l'extrême avant-garde, avec une faible escorte. A sa gauche, se tenait un juif polonais, en costume national. Napoléon avait les yeux fixés sur la ville, dont nous approchions de plus en plus et, semblait interroger le juif, qui désignait du doigt certains quartiers de Moscou. Nous vîmes les travaux de défense que les Russes avaient édifiés avant notre arrivée. Lorsque nous fûmes tout près des premières maisons, Murat prit la tête de la division, et Napoléon s'éloigna de la route, dans la direction d'une propriété voisine.

Le 10ᵉ régiment de hussards polonais, colonel Neninsky, entra le premier dans Moscou, puis les uhlans prussiens, commandés par le major de Werther, puis les chasseurs à cheval würtembergois, auxquels j'appartenais. Derrière nous, les quatre régiments français de hussards et de chasseurs qui formaient notre division, et de l'artillerie montée. D'autres divisions suivaient.

Nous étions si attentifs à ce qui allait se passer, si fiers de vivre un si beau jour et d'être parmi les premiers qui entraient à Moscou, que nous oubliions nos peines, nos fatigues, et nos privations.

Chacun de nous éprouvait plus ou moins profondément l'orgueil du vainqueur ; et il ne manquait pas d'officiers et de vieux soldats pour signaler, par des paroles graves, l'importance de l'événement à ceux qui ne la sentaient pas.

Il était défendu, sous peine de mort, de descendre de cheval ou de sortir des rangs, quel qu'en fût le prétexte. Cet ordre nous concernait également, nous autres médecins, et nous nous y soumîmes.

Nous suivîmes la route jusqu'à la Moskowa, sans rencontrer le moindre habitant. Le pont était détruit. Nous traversâmes le fleuve à gué. L'eau montait jusqu'à l'essieu des canons et jusqu'aux genoux de nos chevaux. De l'autre côté du fleuve, on apercevait quelques personnes derrière leur portes et leurs fenêtres. Leur curiosité ne semblait pas très vive. Dans de jolies maisons de pierres et de bois, il y avait des messieurs et des dames au balcon. Nos officiers saluèrent aimablement, on leur répondit de même. Cependant, nous ne voyions toujours que très peu d'habitants. Dans les palais, il n'y avait que des gens de service. Enfin, nous rencontrâmes des soldats russes fatigués, des traînards à pied, à cheval, ou dans des voitures de bagages abandonnées, des bœufs de boucherie, etc. Nous laissâmes passer tout cela. Nous avancions lentement dans les rues. La profusion d'églises, leur architecture étrange, avec leurs nombreux clochers très ornementés, les beaux palais entourés de jardins, retenaient notre attention. Nous débouchâmes sur un marché dont les boutiques de bois étaient ouvertes, les marchandises éparpillées en désordre et jetées à terre, comme si des pillards avaient passé par là. Nous allions lentement, en faisant souvent halte, ce qui permit à nos soldats de remarquer que les Russes endormis dans les rues avaient de l'eau-de-vie dans leurs gourdes. Comme il était défendu de descendre de cheval, ils eurent l'idée ingénieuse de couper, avec la pointe de leurs sabres les courroies qui attachaient les gourdes, et de s'emparer ainsi de ces dernières. Depuis longtemps, l'eau-de-vie était devenue extrêmement rare.

Murat passait et repassait, le long des rangs. Il était partout et veillait à tout. Il se trouvait en tête de la colonne quand nous arrivâmes à l'arsenal, entre deux rangées de vieux bâtiments. Les portes étaient grandes ouvertes, et des hommes de toute espèce, surtout des hommes ayant l'aspect de paysans, en sortaient avec des armes. D'autres se pressaient à l'intérieur. La rue et la place où nous avions fait halte étaient jonchées d'armes diverses, neuves pour la plupart. Sous le portail de l'arsenal, il y eut des mots vifs échangés entre les aides de camp du roi et les hommes qui emportaient des armes. Quelques-uns, même, pénétrèrent à cheval dans l'arsenal et la querelle s'envenima. Pendant ce temps, le peuple s'était amassé sur la place. Il devenait impatient et bruyant. Murat se décida à faire avancer nos canons, et à faire tirer. Trois coups suffirent à disperser la foule en tout sens.

Sous les pieds même de mon cheval, se trouvaient différentes armes, parmi lesquelles un beau sabre attira mon attention. Il n'y avait personne là pour me le tendre. Il m'était impossible d'employer le moyen inventé par les soldats pour se procurer les gourdes. Malgré la défense formelle qui nous était faite, je descendis rapidement de cheval, et remontai de même. J'eus ainsi en ma possession un beau souvenir de Moscou.

L'ordre étant rétabli, nous continuâmes notre marche à travers la ville, la plus grande certainement que j'aie jamais vue. Mêlés à nous, des Russes passaient à cheval, se dirigeant vers la même porte que nous. Nous les laissions aller tranquillement leur chemin. Seul, l'ordonnance d'un officier russe fut contraint de descendre de cheval, bien qu'il s'en défendit, et d'abandonner son admirable monture. Arrivés à la porte que nous devions franchir, nous trouvâmes deux cosaques à cheval qui voulaient à toute force nous disputer le passage.

Le soleil s'était montré tard, après une matinée grise et froide. Il commençait à décliner. Notre traversée de la ville avait duré plus de trois heures. Chaque pas et chaque heure écoulée augmentaient notre espoir d'une paix si désirée et si nécessaire. Nous rêvions avec délices au repos que nous allions goûter.

En sortant de la ville, nous trouvâmes plusieurs régiments de dragons russes, les uns alignés, les autres défilant lentement. Nous nous approchâmes avec les intentions les plus amicales, auxquelles eux-mêmes répondirent. Officiers et soldats s'abordèrent, se serrant les mains, se prêtant leurs gourdes d'eau-de-vie, et causant ensemble comme ils le pouvaient. Un officier russe du plus haut rang, accompagné de son aide de camp, arriva et mit fin très sévèrement à ces colloques. Nous restâmes, et les Russes s'éloignèrent lentement.

En tout cas nous avions eu le temps de remarquer que la paix serait la bienvenue pour eux, comme pour nous. Leurs chevaux étaient aussi épuisés que les nôtres. Quand ils avaient à sauter un fossé, beaucoup d'entre eux tombaient et ne se relevaient qu'avec peine.

La nuit était enfin venue. Nous bivouaquions avec l'artillerie et une division de cuirassiers, à peu de distance de la ville, à droite de la route qui mène à Wladimir et à Kazan. A gauche de la route, se trouvait un grand bâtiment tout entouré de murs, qui ressemblait à un couvent. Notre feu de bivouac brûlait admirablement, et nous distinguions celui des Russes, non loin de nous. Malgré notre extrême fatigue, tout contribuait à nous rendre joyeux, et notre camp présentait une animation inusitée.

Beaucoup de soldats russes passaient sur la

route, dans la direction de Kazan. Il y avait aussi des blessés, les uns déjà pansés, d'autres dont les plaies saignaient encore et qui venaient d'être blessés sur la place, auprès de la porte. Nos officiers m'envoyèrent ces derniers. L'un d'eux, un officier d'infanterie qui avait reçu plusieurs coups de sabre à la tête, me raconta qu'il était allé à la recherche de ses parents, pour changer de linge et surtout pour se montrer à eux vivant et indemne. Il ne les avait pas trouvés, et avait été blessé. Après l'avoir pansé, je lui indiquai les feux de bivouac des Russes, pour qu'il pût rejoindre les siens, comme nous l'avions fait pour presque tous les traînards.

Une telle gaîté régnait, parmi nous et autour de nous, que chacun oubliait sa fatigue et que personne ne songeait à dormir. Les événements, du reste, auraient bientôt suffi à nous en empêcher.

Tout à coup en effet, une explosion terrible se fit entendre. Bien qu'il soit difficile de s'orienter la nuit, elle semblait venir du centre de la ville. Sa violence était telle, que nous crûmes tout d'abord qu'un magasin de munitions ou une poudrière avait sauté, à moins que ce ne fût une machine infernale. Il y eut d'abord un énorme jet de flammes d'où sortaient des boules de feu qui parcouraient une trajectoire plus ou moins grande, comme si une masse de bombes et d'obus avaient été projetés à la fois. Cette explosion dura trois à quatre minutes, et répandit parmi nous une véritable stupeur. C'était, sans doute, un signal de l'incendie, qui devait avoir pour nous de si terribles conséquences. Au début, le feu semblait localisé à l'endroit où avait eu lieu l'explosion, mais au bout de quelques minutes, nous vîmes les flammes s'élever dans différents quartiers de la ville. On compta bientôt dix-huit foyers d'incendie, puis davantage.

Nous étions tous muets de saisissement. Nous nous regardions avec la même pensée. Le capitaine d'état-major de Reinhardt prit la parole, pour traduire le sentiment général : « Voici un mauvais présage ! Voici qui anéantit notre espoir de voir la paix se conclure, la paix dont nous avons un si grand besoin ! Il ne faut pas y voir un acte de malveillance des nôtres, mais un signe de l'exaspération de nos adversaires, qui ne reculent devant aucun sacrifice pour nous perdre ! »

Notre camp dominait la ville, et nous assistions à cette épouvantable scène sans en rien perdre. Les flammes gagnèrent bientôt les quartiers plus rapprochés de nous. A minuit, elles avaient envahi toute la ville. Le nombre des traînards et des fuyards qui passaient sur la route avait encore augmenté.

Succombant à la fatigue, nous avions fini par nous coucher. Après un court sommeil, nous constatâmes que les flammes ne cessaient pas de gagner. Avec le jour, on distinguait même des tourbillons de fumée de couleur et de forme différentes, qui se mêlaient les uns aux autres.

Ainsi, j'assistais au dernier jour de Moscou, la ville célèbre, la ville des tzars ! Le feu qui causait sa destruction et notre ruine, j'avais été témoin de sa première apparition. Beaucoup des nôtres, la moitié certainement de ceux qui avaient quitté leurs garnisons du Danube, étaient morts. Le sort des autres régiments de notre division n'était pas meilleur que le nôtre. Et cependant, on restait fier du présent et plein d'espoir dans l'avenir.

Dès que le soleil fut levé, je ne pus tenir en place. J'allai dans la cour du bâtiment voisin, que nous prenions pour un couvent, pour m'y laver. A mon grand étonnement, je trouvai là des hommes vaquant à leurs affaires, comme si les événements qui se passaient dans la ville depuis la veille leur étaient indifférents ou comme s'ils ne les avaient pas remarqués. J'étais le premier étranger qui pénétrât chez eux. Ils ne parurent pas y prendre garde.

La plus grande activité régnait au camp, quand j'y retournai. On se préparait à partir.

Dès la pointe du jour, on s'était aperçu que les Russes avaient abandonné leur camp. Nous les suivîmes et les trouvâmes plus tôt que nous ne pensions. Nous bivouaquâmes de nouveau sous leurs yeux dans le premier village qu'on rencontre à l'ouest de la ville, sur la route de Kazan. Les vedettes cosaques et les nôtres étaient plus rapprochées qu'elles ne l'avaient jamais été, ce qui ne nous empêcha pas de dévaster un champ de pommes de terre, en avant de nos lignes, pour apaiser notre faim. Je dois avouer que jamais je n'ai mangé d'aussi belles et d'aussi bonnes pommes de terre, pas même dans mon pays, où les champs sont ensemencés des meilleures espèces de Hollande.

CHAPITRE VIII

LE DÉPART DE MOSCOU
SUR LA PACHRA ET SUR LA NARA

Le 15 septembre à 2 heures, de l'après-midi, nous voyons arriver Murat au galop sur la route, accompagné d'un seul tambour. Il semblait qu'il eût le feu après lui. Il passa en criant : « A cheval ! A cheval ! » et fit sonner l'alarme aux avant-postes.

Nous partîmes. Le vent nous envoyait la fumée de la ville. Nous en étions enveloppés au point que tout, autour de nous, avait un aspect jaunâtre. Les Cosaques étaient à deux pas de nous, mais pas un coup de pistolet ne fut échangé. Nous nous portâmes à environ un mille de Moscou. La nuit venue, nous bivouaquâmes à la lueur de l'incendie.

Le jour suivant, 16 septembre, nous nous remîmes en marche sur la route qui mène à Wladimir et Kazan. Nous traversions de jolis villages, dont les maisons originales, l'élégance et la propreté indiquaient un grand bien-être et nous plurent beaucoup. Nous n'aperçûmes l'ennemi que le soir, en approchant d'une petite ville construite en bois, et située à droite de la route, Bogorodsk. Notre cavalerie marchait en ligne, et les cosaques couronnaient les hauteurs d'une montagne aride que la route contourne avant de franchir la Kläsma. Nous établîmes notre camp en avant de la petite ville, et grâce aux soins de quelques officiers du régiment, nous reçûmes un abondant convoi de vivres de Moscou.

Le 17 dans l'après-midi, on se remit en marche pour traverser la Kläsma. Un pont venait d'être établi, mais il semblait si fragile que les chefs n'osèrent lui confier leurs régiments et leurs canons. On remonta la rivière pour trouver un endroit guéable, où les rives fussent plus plates, mais partout la profondeur fut reconnue telle, que ceux qui montaient de petits chevaux ne pouvaient s'y risquer. On résolut de donner leurs montures aux malades qu'on évacuerait sur Moscou. Je perdis ainsi un de mes aides-majors les plus habiles. Je perdis aussi mon second domestique, et, avec lui, le souvenir que j'avais rapporté de Moscou : le sabre ramassé au Kremlin.

Laissant sur notre droite la montagne, sur les hauteurs de laquelle nous avions vu des Cosaques la veille, nous passâmes à travers champs pour regagner la route. Nous traversâmes un camp abandonné par les Russes et un village dont les habitants faisaient en grande hâte leurs préparatifs de départ. Une jeune et jolie paysanne, dont la maison bordait la route, chargeait fiévreusement une voiture avec des lits et des objets divers, sur lesquels elle avait fait asseoir ses enfants. Une vache était attachée par derrière. La vue de cette jeune femme provoqua à la fois les plaisanteries et l'émerveillement des hommes, mais personne ne songea à la troubler. Elle continuait à travailler, sans regarder de notre côté, et avec un air d'hostilité.

Sur notre gauche, une grande plaine étendait à perte de vue ses prés, parsemés d'innombrables meules de foin. On apercevait plusieurs villages, chacun avec son château.

La nuit venue, nous bivouaquâmes près d'un village situé entre Bogorodsk et Pokrow. Après que les grand'gardes eurent été établies, les chefs s'en allèrent au village pour se ravitailler : tout paraissant calme aux alentours.

Dès le matin, je fis ma visite à mon chef, le colonel de Milkau. Il me reçut en me disant : « Nous avons perdu les traces de l'ennemi ; nous restons ici pour attendre des ordres. »

A midi, les ordres arrivèrent. On nous fit quitter la route de Kazan, pour nous diriger vers l'est. Nous prîmes à travers champs, et, au bout de quelques heures, nous arrivions à une sucrerie dont les bâtiments très vastes étaient entourés de jolis jardins. Ceux qui étaient passés avant nous avaient déjà pénétré dans la fabrique, s'étaient régalés de sucre et de sirop, et en avaient emporté. Nous en fîmes autant. On a même affirmé qu'un hussard serait tombé dans une cuve de sirop, et s'y serait noyé.

Là, nous trouvâmes un chemin qui nous conduisit à la Moskowa. La rivière est très sinueuse à cet endroit, et ses bords très escarpés. De nombreux ponts menaient à de jolis villages, des propriétés, des fabriques. La plupart des habitants s'étaient enfuis. Pendant plusieurs jours, nous ne vîmes pas de Cosaques.

Le jour suivant, il se mit à pleuvoir. Nous traversions des bois plantés d'arbres superbes,

7

surtout de chênes, des champs de blé et de sarrazin qui n'avaient pas encore été moissonnés, et de riches propriétés qui regorgeaient de provisions en foin et en céréales. Tout nous invitait à rêver à la paix, bien que nous fûssions encore poursuivis par l'odeur de la fumée de Moscou, et éclairés la nuit par les flammes de l'incendie. Prussiens, Polonais, Français, Würtembergeois, tous nous avions le même désir. Officiers et soldats, c'était notre sujet de conversation favori. L'ignorance où nous étions de ce que faisaient les Russes et de ce qu'ils étaient devenus entretenait en nous l'espoir qu'on travaillait à conclure la paix. Nous ne savions, du reste, rien de ce qui se passait à l'armée.

Les jours suivants furent encore plus humides et plus froids. La route de Moscou, sur laquelle nous débouchâmes, était absolument vide de troupes. Nous la quittâmes bientôt pour prendre à droite, et gagner la petite ville de Podolsk sur la Pakra. Nous eûmes à y subir une abominable nuit de tempête. Mes deux aides et moi, nous fûmes assez heureux pour nous installer dans une grange, à l'abri du vent et de la pluie, et pour obtenir de la propriétaire des œufs, du beurre et du pain, ainsi que du foin pour nos chevaux fatigués. Aussi nous préoccupions-nous fort peu de ce qui se passait dehors, bien que nous entendissions, toute la nuit, défiler de la cavalerie. Le lendemain matin, le ciel s'était nettoyé : nous nous sentions gais et dispos, et nous déplorions que les nôtres eussent passé la nuit dehors, par la température la plus dure que nous eussions encore subie.

Nous avions été rejoints, dans cette nuit du 25 au 26 septembre, par les troupes qui nous avaient quittés à Bogorodsk, sur la route de Kazan. Murat était de nouveau avec nous. Le matin du 26, nous nous remîmes en marche ; nous étions joyeux de nous sentir réunis à une grande quantité de troupes. Nous franchîmes la Pakra.

Nous rencontrions des paysans russes, qui ne témoignaient aucune crainte, et que notre vue laissait indifférents. Même, les habitants d'une ferme étant sortis pour nous regarder, et notre commandant leur ayant fait signe qu'il désirait boire, l'un d'eux apporta très simplement une grande jatte de bois, remplie d'un liquide brun-clair. Le commandant partagea avec son entourage. Le liquide était très agréable au goût, et si transparent, qu'on voyait les fleurs peintes au fond de la jatte. Après l'avoir vidée, on la rendit au paysan, en lui donnant une pièce d'argent. Il nous fit une révérence si profonde que ses cheveux balayaient le sol. Jamais encore nous n'avions été remerciés de la sorte. La boisson que nous avait donnée ce brave paysan était du kwass. J'eus l'occasion d'en boire, l'été suivant, à Borizof sur la Bérésina.

Ce même jour, 26 septembre, nous reprîmes contact avec les Russes. Nous n'en avions plus rencontré depuis le jour où nous les avions vus sur les hauteurs, près de Bogorodsk. Les combats sanglants recommencèrent. Toutes les armes y prirent part. Souvent, la canonnade durait du matin jusqu'au soir. Les Russes reculaient toujours, et nous les suivions sans en tirer d'autre avantage que de gagner du terrain. Cela n'allait pas sans de grosses pertes d'hommes et de chevaux.

Dans la première nuit, une grand'garde formée d'hommes de notre régiment, et forte de 16 chevaux, fut assaillie et entourée par les Cosaques. Quelques hommes furent tués, et les autres faits prisonniers. Trois chasseurs, atteints assez sérieusement par des coups de piques, purent seuls s'échapper et rentrer au camp, où ils apportèrent cette nouvelle.

Quelques jours après — le 29 — nous nous trouvions entre Tchirikowa et Woronowa; nous avions combattu tout le jour, nous et les Polonais de Poniatowsky ; le soir était venu, il pleuvait. Nous bivouaquions près d'un ruisseau dont les bords escarpés nous séparaient d'un village, lorsque les Cosaques arrivèrent en poussant de grands cris, surprirent le village, et firent main basse sur tout ce qui s'y trouvait. Un capitaine de cavalerie prussien, qui s'était logé dans le village à cause d'une indisposition dont il souffrait, tomba entre leurs mains. Les Cosaques ayant été mis en fuite, il put être délivré et rentra au village. Il trouva sa valise ouverte et ses affaires dispersées sur une table, sans que rien y manquât. Il attribua ce fait singulier, à ce qu'ayant été décoré de l'ordre de Saint Wladimir par l'Empereur de Russie avant Tilsitt, les Cosaques avaient vu la décoration sur ses uniformes, et, par respect, n'avaient touché à rien.

C'était tous les jours ainsi. Cela tombait tantôt sur un régiment, tantôt sur un autre, tantôt sur tous à la fois. On avait l'ordre d'évacuer les malades et les blessés sur Moscou, sans savoir s'ils pourraient y être hospitalisés. Nous manquions de voitures de transport et d'escortes, car les régiments étaient déjà si réduits qu'il était impossible d'y prélever des détachements.

Les médecins manquaient aussi. Des sept médecins majors que comptait la division au moment du passage du Niémen, j'étais le seul qui restât. Les autres étaient malades, prisonniers, ou restés en arrière auprès des blessés. Le régiment prussien ne possédait plus qu'un aide-major. Il en était de même du régiment polonais; et, de mes quatre aides-majors, il ne m'en restait plus qu'un seul avec son aide.

Beaucoup de soldats, ayant reçu des blessures de piques, se contraignaient à rester parmi leurs camarades, parce qu'ils savaient que, séparés de nous, ils seraient abandonnés, et que leur dénuement serait encore plus grand. C'est ainsi que, plus tard, au moment de la bataille de la Tchernichnia, l'effectif, déjà très réduit, comptait plusieurs hommes qui avaient été blessés par les Cosaques dans des combats répétés, et qui présentaient dix à quinze blessures causées par des piques. Un chasseur même pouvait en montrer jusqu'à vingt-quatre. Il s'appelait Hägele, et était originaire de Lemberg.

Les plaies produites par des piques sont rarement dangereuses. Elles n'intéressent guère que la peau et les muscles. Il est rare qu'elles soient pénétrantes. Il faudrait pour cela que le coup fût porté avec une force peu commune, et par un cavalier lancé au galop. Il en est tout autrement des plaies faites par des pointes de lances, parce que, l'arme étant à la fois piquante et coupante, elle pénètre dans les cavités, blesse des organes importants, tranche les vaisseaux, causant souvent une blessure mortelle.

J'en ai déjà cité un cas, le 8 septembre. J'en constatai un autre entre Mojaïsk et Moscou. Un hussard, ayant reçu par derrière un coup de lance dans la cuisse droite, me fut amené sur son cheval. Ses traits décomposés, sa pâleur, son regard éteint me firent appréhender au premier coup d'œil la mort prochaine et, en effet, il expirait avant qu'on l'eût descendu de cheval et qu'on eût mis la plaie à nu. La plaie, très profonde, était large de deux doigts. La lance avait sectionné le nerf sciatique. Une pique n'aurait jamais pu causer une blessure pareille. Les plaies dues à des piques sont étroites et rondes, triangulaires, ou quadrangulaires, suivant la forme de la pique.

Le 2 octobre, il y eut un vif engagement, auquel prit part toute la cavalerie. Les uhlans prussiens eurent particulièrement à souffrir, et l'artillerie donna beaucoup. Nous continuions à avancer à travers bois et à travers champs. Une indisposition m'obligea à m'arrêter et à rester en arrière. Le 3, nous ne vîmes pas l'ennemi. Le 4, nous avions fait une longue marche ; hommes et chevaux étaient épuisés par la fatigue et les privations. On avait beau éperonner les chevaux, il était impossible de leur faire quitter le pas. Vers le soir, nous approchions d'un bois situé sur la gauche de la route qui va de Moscou à Taroutino. Les soldats grognaient : « Il va encore falloir traverser ça ! » Nous suivions un chemin étroit, Sébastiani à notre tête. Les derniers rangs de notre division n'étaient pas sortis du bois, que les premiers étaient déjà aux prises avec les Cosaques.

Nous précipitâmes notre marche. Les régiments, réduits, se déployaient en faisant feu de leurs carabines et de leurs pistolets sur les lignes de cavaliers russes, établis entre le bois et un village.

Je m'installai, avec mes aides, à la lisière du bois. Les balles russes sifflaient à mes oreilles. Je pus me rendre compte de la gravité de l'affaire, et prévoir son issue malheureuse. Pour la première fois j'éprouvai un vrai dégoût de la vie. Soit courage, soit au contraire, découragement, je restai immobile, en formulant ce vœu : « Ah !

si l'une de ces balles, qui passent si près de moi, pouvait m'atteindre, et mettre fin rapidement à ma misérable existence !... » Mon vœu ne fut pas exaucé. Tout à coup un grand cri s'éleva : « Koli ! Hurrah ! Koli ! Hurrah ! » En même temps, des masses de Cosaques sortaient du bois, entourant notre division des deux côtés à la fois. En avant, les deux lignes ennemies en étaient venues aux mains. La fusillade et les cris « Koli ! Koli ! » redoublaient. En un instant, ce fut la débandade. Amis et ennemis se mêlaient parmi les coups de feu et les cris. J'étais toujours à la lisière du bois, qui était le seul endroit par où on put s'échapper. Ce n'était plus le moment de philosopher. Je fis faire volte-face à mon cheval, qui, surexcité par les cris, retrouva son ardeur et s'emporta, sautant les obstacles qui barraient le chemin, avec d'autant plus d'entrain qu'il se sentait poursuivi. Moi-même, j'avais repris courage et je me cramponnais à la selle. Je n'avais pas le temps de regarder. Cependant, je voyais devant moi et autour de moi des Prussiens, des Russes, des Polonais, et des Würtembergeois. On se battait à coups de piques, à coups de lances, on tombait de cheval. Le chemin était encombré d'objets perdus, par ceux qui étaient déjà passés. Un jeune officier prussien blessé

passa à côté de moi, en criant plusieurs fois :
« Pardon ! » Ainsi la débandade effroyable se
poursuivait parmi les cris, sur l'étroit chemin, et
nous avions parcouru plus de la moitié du bois
quand un roulement de tambour se fit entendre.
Un tambour polonais et un officier de grenadiers
étaient là, tout près de moi.

Comme si un secours inattendu était tombé
du ciel, la lutte acharnée, la poursuite, les cris
cessèrent. Ceux qui étaient encore à cheval comme
moi se sentirent sauvés. On respirait librement.
Ceux qui étaient encore en arrière nous rejoi-
gnirent dans le plus grand désordre. Les Russes
s'étaient retirés par le chemin et à travers bois.
La nuit était venue. Nous nous rassemblâmes
près d'une ferme, à une demi-lieue en arrière du
bois, qui fut occupé par l'infanterie polonaise.
Nous étions tranquilles, désormais.

Nous avions extrêmement faim, mais il n'y
avait rien à manger. Il n'y avait que du bois et
de la paille. Il fallut se contenter d'un repos
bien gagné. Au bivouac, on était très monté contre
celui qui nous avait engagés dans cette aventure,
et on ne se privait pas de le dire très haut. Soit
qu'il l'eût senti, soit qu'il eût entendu quelque
chose, il parcourut le bivouac, s'arrêtant de feu
en feu comme pour lire sur les visages pâles,

éclairés par les flammes, les sentiments qui s'y reflétaient. Il s'approcha de moi. J'étais le seul qui pût se lever. Il dirigea sur moi son regard pénétrant, et me toisa du haut en bas. Comme je ne suis pas habile dans l'art de dissimuler, il put se rendre compte des sentiments qui nous agitaient tous.

Jusqu'à une heure avancée de la nuit, nous fûmes rejoints par des malheureux qui s'étaient égarés dans la forêt. Nos pertes étaient considérables. Le régiment avait perdu 5 officiers et 25 chasseurs. Dans les trois régiments, les morts se montaient à 14 officiers et 120 soldats. Je n'ai pas su quelles avaient été celles des quatre régiments français. Celles des Russes furent insignifiantes, parce qu'ils avaient l'avantage de l'offensive et que notre défense fut peu efficace.

Quand le jour parut, nous nous mîmes à la recherche de nourriture : mais nous ne trouvâmes rien que les viscères de bestiaux abattus par les Russes quelques temps auparavant. Nous en fûmes réduits, chose à peine croyable, à nous servir de ces viscères pour préparer un horrible repas.

A midi, nous nous remîmes en marche pour traverser de nouveau le bois. Il portait des traces du combat de la veille, mais il n'y avait pas de cadavres. De toute la journée, nous ne vîmes pas un seul Cosaque. Avec le corps de Poniatowski et les cuirassiers, nous établîmes au bord de la Tchernichnia le camp qui devait devenir si tristement célèbre.

Au moment où Sébastiani avait pris le commandement de la division à Wilna, elle comptait 3.500 chevaux. Les régiments avaient tellement fondu que chacun ne pouvait guère mettre en ligne plus d'un escadron. Notre régiment, celui des uhlans prussiens, et les régiments français comptaient 100 à 130 chevaux. Le 10e régiment de hussards polonais, qui avait toujours été le plus nombreux, était réduit à deux escadrons.

Nous occupions l'aile gauche du camp, à proximité du village de Teterinka, situé au bord de la Tchernichnia. Cette rivière a donné très justement son nom à la bataille qui eut lieu là plus tard. En avant du village campait la division de cuirassiers, avec son artillerie derrière elle ; à notre droite et en avant, l'infanterie de Poniatowski. Murat logeait dans une propriété voisine, située derrière un bois. Les autres troupes campaient à droite de la route qui traverse la Nara et mène à Taroutino, dont nous n'étions pas à plus d'un mille, mais que nous ne devions jamais voir.

Pendant les quatorze jours que dura notre séjour au camp, nous n'eûmes pas à subir la moindre alarme.

L'automne se préparait, sec, et souvent très froid. Nous eûmes à supporter les plus atroces privations. Seul, l'espoir d'une paix si désirée et si nécessaire nous aidait à vivre. Peu de temps avant les derniers événements, nous avions vu à nos avant-postes les parlementaires venus de Moscou en compagnie d'officiers russes. Nous entendions dire, au camp, que Caulaincourt et Lauriston étaient arrivés au quartier général russe, et que le roi y était aussi. Nous apprîmes que des officiers polonais s'y étaient rendus également. Ces nouvelles ravivaient notre espoir. D'autres faits auraient pu cependant nous arracher à nos rêves. Presque journellement, en effet, nous entendions les Russes, dont le camp n'était pas à plus de deux milles du nôtre, faire des exercices de tir et de canon. Le colonel Neninski, envoyé aux Russes par Murat, racontait que le plus grand bien-être régnait dans l'armée, et que les soldats étaient pleins d'ardeur. Il avait causé avec Platow et avec d'autres officiers supérieurs, qui lui avaient dit très ouvertement : « Vous êtes fatigués de la guerre ; pour nous, au contraire, elle ne fait que commencer. Nous vous enlèverons tout : vos fourgons, vos bagages, vos canons, » etc.

Notre vie au camp était pitoyable. Le froid, souvent très vif la nuit, nous obligeait à nous procurer beaucoup de bois. Les provisions du village et des environs furent vite épuisées. On se mit à démolir les écuries et les granges. On mettait les poutres dans le feu par une de leurs extrémités, et on les repoussait peu à peu jusqu'à ce qu'elles fussent complètement brûlées. Quand il ne resta plus ni écuries, ni granges, on s'attaqua aux maisons. Il ne resta bientôt plus, du village, que quelques chambres pour les officiers supérieurs et pour les malades.

Nous n'avions de paille que juste ce qu'il fallait pour la nourriture des chevaux. On s'en servait pour se coucher la nuit, et on la donnait ensuite à manger aux chevaux. Souvent, les nuits étaient si froides qu'on se cachait sous la paille pour dormir ; et, le lendemain matin, cette paille était agglutinée par la gelée blanche de telle façon qu'il fallait la casser pour s'en dégager. Les chevaux efflanqués et les selles étaient blancs de givre. Dans la journée, le soleil venait fondre tout cela.

On faisait cuire le blé, l'orge, le sarrazin, qu'on pouvait se procurer. On les faisait bouillir jusqu'à ce que le grain fût gonflé, éclaté et ramolli. On le séparait alors de l'enveloppe. Puis, on en faisait de la soupe et de la bouillie. Une partie des grains était réservée pour faire du pain, après avoir été préalablement moulue. Ce travail était pénible à nos bras maigres et affaiblis. Malgré tous nos efforts, nous n'obtenions que des grains écrasés, en guise de farine, et le pain était lourd et compact. Officiers et soldats, nous nous relayions pour tourner la meule de pierre. Ceux qui ne voulaient pas y mettre la main continuaient à jeûner. Mes bras se refusaient à faire faire à la meule plus de trois ou quatre tours. Cependant, le besoin nous aiguillonnant, chacun se mettait volontiers à la besogne.

Le sel manquait souvent. Nous en étions réduits à le remplacer par de la poudre. A l'ébullition, la poudre se décomposait, le charbon et le soufre surnageaient sous forme de poudre noire, qu'on enlevait. Le salpêtre se dissolvait dans la soupe, et lui donnait un goût âcre, caustique, désagréable. De plus, il nous altérait, et provoquait la diarrhée. Il fallut s'en abstenir, et renoncer à toute espèce de sel. Nous n'avions naturellement pas de beurre. Il fallut avoir recours au suif, et souvent nous utilisions des chandelles.

Seuls avec les Prussiens, nous eûmes la chance de n'en être pas réduits à manger de la viande de cheval quand tout le bétail des environs eut été abattu. En effet, nous fûmes rejoints par les restes du troupeau de bœufs, de vaches, et de moutons, que nous avions réuni derrière le Niémen. Je laisse à penser dans quel état arrivèrent ces bêtes, qui avaient fait un si long voyage, en plein été, à travers un pays dévasté. Elles étaient absolument étiques. Elles n'en furent pas moins les bienvenues. Tous les jours, nous en abattions, tandis que les Polonais et les Français en étaient réduits à manger les chevaux crevés de notre camp. Les soldats de Murat n'avaient rien à manger, non plus, que de la viande de cheval. La viande était si rare que le roi lui-même nous demanda si nous voulions bien lui en donner. Nous lui envoyâmes tantôt un mouton, tantôt un quartier de bœuf ou de vache. Quant à nous, nous buvions le bouillon de mouton et de bœuf comme du thé ou du café.

Il arrivait quelquefois, mais rarement, qu'un des régiments de Moscou, connaissant notre dénuement, nous envoyât du thé, du café, et du sucre. Une bonne infusion, une pipe de tabac, les conversations autour d'un bon feu rendaient alors moins pénibles les nuits, trop longues pour les passer tout entières à dormir. Les sujets de conversation étaient variés, mais ils n'étaient jamais gais. Reinhardt et quelques autres officiers, tablant sur le génie de Napoléon, relevaient le courage de ceux qui jugeaient l'avenir d'après notre situation présente. « Tant qu'il tient le gouvernail, disait Reinhardt, il ne faut jamais désespérer ! » Mais la plupart des sous-officiers et des soldats répondaient : « Vous faites votre devoir en essayant de nous montrer les choses en beau, mais vos paroles ne traduisent pas votre pensée. » Les femmes qui nous préparaient le café allaient plus loin, et se répandaient en paroles amères : « Quand donc tiendra-t-il sa parole, lui qui vit dans le bien-être à Moscou avec sa Garde, et qui nous envoie ici, crever de froid et de faim ? ».« Oui reprenait une autre, Napoléon n'a jamais fait luire à nos yeux que des montagnes dorées et de beaux pays, pour y prendre nos quartiers d'hiver. Il n'a pas tenu ses promesses, il le fera quand il sera trop tard et que nous serons morts de misère. Quant à lui, il saura bien se tirer de ce mauvais pas », etc. Nous laissions les femmes se soulager par de semblables paroles, mais aucun de nous ne se serait permis de s'exprimer de la sorte.

Une nuit, un hussard apporta des avant-postes une lettre de l'un des cinq officiers qui avaient été faits prisonniers le soir du 4 octobre. Elle était adressée au colonel. Voici à peu près son contenu :

« Chers amis,

« Nous sommes en vie tous les cinq : Noërr, Finkh, Münzingen et B... sont légèrement blessés, moi je me porte bien. Nous avons tous besoin d'argent, et vous prions de bien vouloir nous en donner. Le général Milaradowitch nous a assuré qu'une lettre, contenant de l'argent pour nous, ne serait pas interceptée aux avant-postes russes. Les hommes pris en même temps que nous ont été séparés de nous.

« Croyez, etc.
« G. von Freudenstein.
« Le 6 octobre 1812. »

Le matin suivant, on eut vite fait de recueillir une certaine somme qui fut enfermée dans une lettre. Après en avoir obtenu l'autorisation en haut lieu, la lettre fut portée aux avant-postes, et remise à un officier russe. En

1818, je retrouvai M. de Freudenstein, et j'appris que, moins heureux que le prince de Hohenlohe, il n'avait jamais reçu notre envoi. Une autre nuit, deux soldats du régiment qui avaient été faits prisonniers le 8 août à Inkowo, purent nous rejoindre, déguisés en paysans russes.

Les hommes qui avaient réussi à nous amener nos bestiaux, nous racontèrent les choses navrantes dont ils avaient été témoins le long du chemin. Ce qu'ils avaient vu de plus épouvantable, c'était le champ de bataille de Borodino. On y rencontrait encore des êtres vivants, de malheureux soldats mutilés qui vivaient dans quelque cadavre de cheval, dont, pour se nourrir, ils arrachaient la chair corrompue avec leurs ongles ou leurs dents. Ces pauvres êtres, tout noirs et semblables à des animaux sauvages, n'avaient plus d'humain que la forme. On avait rassemblé les armes et les munitions en énormes tas, mais personne ne s'était occupé de ces malheureux [1].

A la fin de notre séjour nous apprîmes encore que Wittgenstein avait remporté sur la

---

1. D'autres témoins confirment ces faits. Ségur raconte un trait particulièrement effroyable dans son *Histoire de Napoléon et de la Grande Armée en 1812*. Ils sont démentis par Gourgaud.

Dwina une victoire qui aurait pour résultat la retraite de la Grande Armée. Les Bavarois avaient été complètement battus.

« A chaque jour suffit sa peine » dit le proverbe. Tous les matins, on envoyait des détachements au fourrage et aux vivres ; tous les soirs, ils rapportaient, moins de grain et de paille, et, chaque jour, surpris par des paysans armés ou par des Cosaques, ils subissaient des pertes plus ou moins considérables en hommes et en chevaux. A la fin, on leur adjoignit des détachements d'infanterie, avec des canons. Il fallait livrer un combat pour s'emparer du peu qu'on trouvait, et cela se chiffrait toujours par des pertes d'hommes et de chevaux. La cavalerie, déjà très réduite, perdit de ce fait la moitié de ses hommes et de ses chevaux.

Deux jours avant la bataille, mon régiment ne comptait plus qu'un chef d'escadron, deux officiers d'état-major, un capitaine, cinq lieutenants, quatre maréchaux des logis chefs, cinq sous-officiers, seize chasseurs, et, comme non combattants, un médecin-major, un aide-major, un brancardier, deux vétérinaires en second, et une ordonnance. Telle était notre situation, quand, le 18 octobre, avant la pointe du jour, nous fûmes réveillés par deux coups de canon.

Un obus vint frapper la terre près de l'endroit où j'étais couché, et éclata sans causer d'accident. Les chevaux étant toujours sellés à partir de minuit, nous fûmes vite en selle. On voyait déjà les lignes ennemies en avant du camp, et, en arrière, des bandes de Cosaques galopaient en tous sens. Les canons russes ouvrirent un feu nourri avant qu'on pût mettre les nôtres en batterie, à cause du peu de chevaux qui nous restaient, et avant que nos faibles lignes de cavalerie fussent formées. Notre situation était si misérable que je pensais que les Russes avaient tout simplement l'intention de s'emparer de nous et de nous faire prisonniers. C'est plus tard seulement que j'appris par quel miracle il en avait été autrement. Nous fûmes sauvés par l'habileté et la résolution de Murat qui sut utiliser admirablement les cuirassiers et les autres débris de cavalerie. Au début de la bataille, le désordre était tel que chacun cherchait une issue pour échapper aux Cosaques, qui nous entouraient déjà par derrière. Mes deux aides et moi, nous gagnâmes la lisière d'un bois, occupé auparavant par de l'infanterie polonaise. De là, nous pûmes suivre les phases de l'action et voir les nôtres se retirer en combattant. Les Russes se précipitèrent sur les canons qui étaient derrière le camp des cuirassiers, et s'en emparèrent. La moitié d'entre eux n'étaient pas encore attelés. Si les Russes, au lieu de nous attaquer à la pointe du jour, avaient attendu 10 heures ou midi, heure à laquelle la moitié de nos troupes étaient parties en fourrageurs avec armes et canons, ils auraient pu s'emparer du camp sans même tirer un coup de fusil.

Il fallut abandonner, à notre tour, notre lisière de bois et nous replier. Nous retrouvâmes le petit groupe des nôtres qui portait encore le nom de régiment, et qui, réuni à un autre petit groupe, portait encore le nom de brigade. Un aide de camp du roi vint apporter à « la brigade », l'ordre d'attaquer. Et en effet, nous avançâmes, mais sans attaquer, en manœuvrant seulement. Notre petite troupe n'avait eu, depuis le matin, qu'un seul officier légèrement blessé. Le peu de docilité de nos malheureux chevaux, le peu d'espace sur lequel nous manœuvrions furent cause que nous barrâmes tous trois le chemin d'un capitaine de cavalerie polonais, bien connu pour détester les Allemands. Plein de fureur, il se précipita sur nous l'arme haute, blessa l'aide-major Mayer, blessa le cheval du troisième aide-major, et, se tournant vers moi, il m'insulta. Il aurait fait pis, si le temps et la place ne lui avaient manqué. Lorsque notre petit groupe fit de nouveau halte, nous le rejoignîmes pour demander satisfaction. On nous plaignit, mais on renvoya la réparation à des temps meilleurs.

Nous n'eûmes pas beaucoup de blessés. Cependant, parmi eux se trouvait le capitaine de cavalerie polonais qui s'était conduit si honteusement avec nous. Une balle lui avait traversé le bras gauche et avait broyé l'humérus. Il n'y avait là que nous comme médecins. Nous lui mîmes un appareil. L'amputation aurait été nécessaire : mais la rapidité avec laquelle la retraite s'effectuait rendait la chose impossible.

Retardé par les soins à donner aux blessés, par la recherche de fourrage pour nos malheureux chevaux épuisés, et la nuit venant, je perdis pour la première fois contact avec le régiment et avec nos troupes.

La canonnade avait cessé depuis longtemps. Nous rencontrâmes sur la route de Moscou des blessés, des cavaliers mal montés, des palefreniers menant des chevaux de réserve, et des employés d'administration qui nous affirmèrent que les nôtres poursuivaient leur retraite.

Comme nous ne rencontrions aucune troupe régulière, nous en conclûmes que le roi avait adopté le chemin par lequel nous étions venus le 4 et le 5, et nous résolûmes de continuer notre route avec les compagnons que le hasard venait de nous donner.

Ainsi, ce camp de Teterinka sur le bord de la Tchernichnya, auquel je ne puis encore penser sans effroi, était le but de notre pénible marche à travers la Russie, et ce 18 octobre était le jour où commençait la retraite. Le camp que nous venions d'abandonner offrait certainement un des plus effroyables spectacles qu'ait pu présenter cette guerre. En tout cas, ce fut lui qui révéla aux Russes pour la première fois notre vraie situation.

Nous n'avions ni huttes, ni baraques, ni tentes. Malgré le froid des nuits d'octobre, nous couchions dehors, et, à la fin, le manque de paille nous obligea à coucher à même la terre. La quantité de chevaux écorchés ayant servi à notre nourriture, les villages avoisinants dévastés et brûlés, les lambeaux de vêtements, les débris de chariots et de harnais, enfin tout ce que peut laisser derrière elle une armée près de sa perte ; les cadavres de ceux qui mouraient au camp et qu'on finissait par ne même plus enterrer, les excréments d'hommes et d'animaux datant de quinze jours : tels furent les effroyables témoins de notre séjour là-bas.

Ce séjour, avec les pénibles et dangereux ravitaillements auxquels nous étions obligés, nous coûta, en hommes et en chevaux, la moitié de notre effectif, déjà si réduit. La bataille, puis la retraite qui dura trois jours jusqu'à notre jonction avec les troupes qui quittaient Moscou, eurent pour conséquence l'anéantissement complet de notre régiment.

DEUXIÈME PARTIE

LA RETRAITE

CHAPITRE PREMIER

EN RETRAITE

Le 19 octobre, nous atteignîmes le village de Woronowa, où l'on nous montra les restes de la propriété du gouverneur de Moscou, Rostopschine, à laquelle lui-même avait mis le feu, et on nous raconta comment les choses s'étaient passées.

Le 20, nous continuâmes notre marche sur Moscou, et nous rencontrâmes, le soir même, les troupes du corps du maréchal Ney. Je retrouvai mon ami, le chirurgien en chef Kollreuter, dans le jardin d'une maison habitée par le maréchal.

Il était installé devant un repas bien préparé. Jamais je n'en avais eu de semblable pendant toute la guerre. Il mangeait par terre, tantôt assis, tantôt couché. Il me fit partager son repas, et nous nous racontâmes mutuellement les événements auxquels nous avions pris part. Naturellement, les récits de mon ami étaient beaucoup plus intéressants que les miens. Il me parla des merveilles de Moscou, et me communiqua ses observations médicales et chirurgicales. Moi, je n'avais à lui parler que des misères endurées au camp de la Tchernichnya, et de la bataille elle-même. Avant Borodino, mon ami avait une simple britchka polonaise, avec une provision de bandes, quelques bouteilles d'eau-de-vie, et un peu de pain. Maintenant, il possédait une superbe voiture à six chevaux remplie des fourrures les plus belles, une épée en or et une quantité de provisions de bouche. « Réjouis-toi, mon ami, car je crains que ta joie ne soit de courte durée ! » lui dis-je. Je lui répétai les prophéties des Russes au colonel Neninsky ; et sa figure si gaie se rembrunit. Je lui racontai comment j'avais été séparé des débris de mon régiment et de l'avant-garde. Il me répondit : « Demain, je te présenterai au comte de Scheler, et tu trouveras à t'occuper parmi nous jusqu'à ce que nous rencontrions les tiens. »

Je passai la nuit avec lui. Le lendemain matin 21, je me rendis au quartier général. Je retrouvai le corps d'infanterie würtembergeois, réduit à un petit nombre de bataillons, et les quelques officiers, sous-officiers et chasseurs qui restaient de mon régiment. Le comte de Scheler, qui me connaissait depuis les campagnes du Rhin, m'appela. Il m'interrogea sur notre existence au camp et sur les péripéties de la bataille. Il s'intéressa à tout ce qui me concernait, et montra beaucoup de compassion pour les malheurs que nous avions endurés. Il me donna l'ordre de rester au quartier général, avec les officiers survivants de mon régiment. C'est ce que je fis désormais. Je n'en fus séparé qu'à la Bérézina.

Après un long entretien, le comte de Scheler me congédia. Je rencontrai immédiatement des amis, et me trouvai des occupations. Deux officiers d'état-major qui me connaissaient depuis les campagnes du Rhin vinrent me saluer et, blessés tous deux, me demandèrent de leur donner des soins. L'un portait le bras gauche, et l'autre le bras droit en écharpe. Je me rappelle encore très nettement les conditions défavorables dans lesquelles j'eus à m'occuper d'eux. C'est en plein air, par le froid, la neige, la tempête, et quelquefois au milieu de la nuit, que je faisais leur pansement. J'avais souvent à enlever des esquilles d'os. Cependant, leurs plaies guérirent pendant la retraite. Ils étaient frères d'armes, et amis depuis longtemps. Je m'émerveillais de les voir s'entr'aider, pendant nos marches pénibles, chacun ne disposant que d'un bras, et tous deux n'ayant personne pour les servir.

Nous quittâmes le jardin dans la matinée. C'est quand nous fûmes en marche que je remarquai combien nos bataillons étaient décimés. Du moins ceux qui avaient cantonné à Moscou s'étaient-ils refaits; ils étaient bien habillés, bien pourvus de provisions de bouche, et, quoique très réduits, ils avaient conservé tous leurs canons.

Ce même jour, nous rencontrâmes la jeune et la vieille garde à pied et à cheval, qui venaient de Moscou. Les hommes défilaient en colonnes, bien alignés, fiers et beaux, alertes et reposés comme des troupes qui quittent leurs cantonnements d'hiver. Ils étaient bien habillés et chargés de vivres. Chacun d'eux portait trois ou quatre pains blancs attachés sur son sac, et une bouteille d'eau-de-vie pendue à la courroie de son sabre ou de sa giberne. Ils étaient suivis par un convoi de bagages comme on n'en a certainement vu dans aucune guerre.

Les généraux et les officiers supérieurs s'étaient procuré des voitures neuves, et les officiers subalternes, des *drojkas*. Elles étaient chargées d'objets précieux et de vivres. Les soldats mariés faisaient conduire par leur femme des charrettes de toute sorte, chargées d'objets qui pourraient être utilisés tôt ou tard. Les voitures de cantiniers étaient remplies d'eau-de-vie, de sucre, de café, de thé, etc. Tous les chevaux de bât étaient chargés. Impossible d'imaginer les trésors que charriait l'immense convoi. Un beau soleil éclairait cet inoubliable spectacle.

Nous quittâmes la vieille route de Kalouga pour prendre la route qui mène à Borowsk. La nouvelle se répandit que Napoléon avait l'intention de pénétrer dans les provinces du sud, qui sont les greniers d'abondance de la Russie, de battre les Russes chemin faisant, et de détruire les fabriques d'armes de Toula. Après quoi, ou bien nous aurions de bons quartiers d'hiver, ou bien nous rentrerions dans nos foyers en traversant des pays riches.

L'espoir que nous avions de voir se conclure la paix ayant été anéanti par la dernière bataille et par l'abandon de Moscou, ces nouvelles étaient une consolation, aussi bien pour ceux qui souhaitaient le repos que pour ceux qui étaient avides de butin.

Notre mission semblait être de couvrir les derrières de la Grande Armée, dans sa marche sur Malo-Jaroslavetz. Notre infanterie occupait les défilés dans la région de Borowsk, et les débris de nos trois autres régiments de cavalerie occupaient les hauteurs, tenant en respect les Cosaques qui nous harcelaient.

Dans la soirée, il se mit à pleuvoir. Je passai la nuit à couvert, sous le toit d'une briqueterie. Un chemin étroit conduisait dans la vallée, en contournant un précipice assez profond. Des équipages et des voitures de bagages descendaient ce chemin pour se rendre à un village situé dans la vallée. Ce mauvais chemin était coupé en plusieurs endroits. Nous avions remarqué, entre autres, une jolie voiture à quatre places attelée en poste, contenant quatre dames très élégantes. Le lendemain matin, nous apprenions que la voiture était tombée dans le précipice avec chevaux et voyageurs. Et, en effet, nous aperçûmes des malheureux qui gisaient sans secours à une grande profondeur : mais nous ne pûmes pas nous rendre compte de la gravité de leur état.

Au cours d'une patrouille, le cheval d'un cavalier du régiment du Duc Henri s'arrêta d'épuisement sur la route, en refusant absolument d'avancer. Bientôt environné de Cosaques, l'homme remit son sabre au fourreau, et, assis sur son cheval, les bras étendus pour montrer qu'il était désarmé, il attendit qu'on décidât de son sort. Les Cosaques le dépassèrent en riant et, généreusement ne lui firent aucun mal. Alors il descendit de cheval, nous rejoignit à pied et nous raconta ce bon procédé.

L'armée française, avec son invraisemblable convoi de bagages, s'avança le 23 octobre sur la route de Malo-Jaroslavetz. Quant à nous, nous étions restés postés, soit aux environs de Borowsk, soit à Borowsk même. Les Cosaques nous entouraient; ils couronnaient toutes les hauteurs. Le 24, nous occupâmes une des hauteurs en avant de Borowsk. Nous entendions un bruit de canonnade qui ne semblait pas être éloigné de plus de deux à trois lieues.

Habitués depuis longtemps au grondement ininterrompu du canon, nous nous intéressions davantage à ce qui se passait près de nous. Un grand train de chariots, chargé en grande partie de trésors de toute sorte et de vivres provenant de Moscou, se trouvait là. Il semblait attendre l'issue de la bataille. Les propriétaires déballaient leurs richesses pour les regarder à nouveau et les évaluer, mais surtout pour les échanger, les vendre, et s'alléger d'autant. Dans ce dernier but, beaucoup de choses furent déchargées et abandonnées. Il y avait là les plus belles couvertures et les plus beaux tapis que j'eusse jamais vus, des tentures et des rideaux en étoffes précieuses brodées d'or ou d'argent, bordés et garnis de franges, etc. Il y avait des pièces entières de soie de toute couleur et de la plus rare beauté, des vêtements d'hommes et de femmes brodés et brillants, comme on n'en voit que dans les cours princières. On entendait dire : « Un tel a une quantité de pierres précieuses ; un tel a une cassette pleine de brillants, un tel a des rouleaux de ducats et un tel des monceaux d'argent. » J'écoutais avec émerveillement.

La nuit, je me réfugiai avec quelques officiers de cavalerie sous l'auvent d'une maison, pour dormir. Nous étions protégés jusqu'à mi-corps par un toit de chaume, mais nos jambes étaient à découvert et reposaient à même la terre. Nous étions profondément endormis, quand trois ou quatre hommes vinrent s'emparer de la paille qui couvrait notre auvent. Réveillés en sursaut par la poussière et les débris qui nous pleuvaient sur la figure, nous fûmes debout d'un bond, et nous nous jetâmes sur les hommes, pour leur faire lâcher prise. Mais, dans l'obscurité, ma main rencontra une pauvre poitrine nue, glacée, et si maigre qu'il semblait que les côtes fussent recouvertes d'une toile d'araignée. Je n'avais aucune force, et je n'avais pas pu faire grand mal à l'homme ; mais il était si misérable et si faible qu'il tomba, en s'écriant : « Oh mon Dieu, mon Dieu ! quels hommes ! quel pays ! quelle misère ! comme je suis malheureux ! laissez-moi mourir ! »

Je fus plus effrayé que lui, car jamais je n'avais subi un pareil contact, sauf en touchant un cadavre. Ces malheureux étaient, tous, des fantassins français ; ils s'en allèrent, et nous nous recouchâmes.

Cet incident navrant nous plongea dans un abîme de tristes réflexions. L'avenir m'apparut sous des couleurs de plus en plus sombres, surtout quand la nouvelle se répandit que nous allions reprendre la route par laquelle nous étions venus.

Dans la matinée du 25, nous entendîmes à nouveau la canonnade, dont la fumée se rapprochait de nous. Nous reculâmes jusqu'à Borowsk, On disait qu'une bataille avait été livrée, que Napoléon ne pouvait pas pénétrer dans les provinces où le blé abondait, et que l'armée revenait sur ses pas. Ces bruits se confirmèrent rapidement. Tout en combattant, l'armée arriva à Borowsk. On avait reçu l'ordre de tout brûler derrière soi. Les villages entre Malo-Jaroslavetz et nous étaient en flammes, les voitures de munitions qui ne pouvaient suivre sautaient, avec un bruit de tonnerre. On fut d'autant plus impitoyable dans l'exécution de cet ordre que les Russes l'avaient été davantage en brûlant, sur notre passage, les villages et les meules de blé ou de foin. La jolie et romantique petite ville de Borowsk fut livrée aux flammes avec une sorte de fureur par les premiers arrivants. Des hauteurs où étaient situées les plus belles constructions de la ville, je voyais porter les torches d'une maison dans une autre, et ces maisons, pour la plupart construites en bois, flambaient rapidement.

Cependant les rues et les places étaient envahies par les troupes. Nous reçûmes l'ordre de nous retirer ; nous reculâmes dans la vallée, et dès le soir nous regagnions les hauteurs.

De même qu'à Eckmühl, le 22 avril 1809, le régiment würtembergeois de chasseurs à cheval Herzog Louis avait engagé la bataille, c'est nous, Würtembergeois, qui commençâmes la retraite en ouvrant la marche, le 25 octobre. Il n'y avait personne devant nous. Notre grosse artillerie marchait en tête. La soirée était belle, l'ordre parfait. Le chemin était bon et favorisait le début de cette entreprise mémorable ; nous souhaitions que les choses continuassent ainsi.

Arrivés tard dans la nuit à proximité d'un village, nous campâmes devant les maisons que les habitants n'avaient pas abandonnées. Nous trouvâmes des vivres et du fourrage. Dans la région que nous venions de quitter, tout brûlait et la lueur des flammes éclairait la campagne.

Pendant la nuit, des troupes nous dépassèrent, si bien que, le matin, la route était encombrée d'artillerie, de bagages, de cavaliers et de piétons. Il n'était question que du sort qui nous attendait sur la route de Smolensk. Nous allions traverser un pays dévasté. Comment se procurerait-on la nourriture, le fourrage, tout ce dont a besoin une immense armée ? Nous étions également préoccupés de l'hiver tout prochain, et dont les prémices nous avaient déjà violemment éprouvés. Beaucoup d'entre nous étaient mal habillés, et portaient encore des pantalons d'été. Les gants manquaient, ainsi que d'autres objets d'habillement.

Un régiment de cavalerie légère portugais nous rejoignit à travers champs, et vint se ranger près de la route. Le bon maintien, l'air reposé de ces hommes en uniforme marron, leurs beaux visages sérieux et bruns provoquèrent notre admiration. Je ne sais ni d'où ils venaient, ni où ils allaient, ni ce qu'ils sont devenus. Je ne les ai jamais revus.

Nous atteignîmes la jolie petite ville de Wereja qui était encore intacte. Nous nous y arrêtâmes quelques heures, pendant lesquelles beaucoup de troupes et de voitures la traversèrent. Je revis là les débris du 10e régiment de hussards polonais, qui comptait encore vingt chevaux.

Le 27, par une belle journée nous atteignions Borizof. Il fallut se contenter, pour manger, de choux et d'oignons trouvés dans les champs, et cuits sans sel et sans viande.

Sur la route de Wereja à Mojaïsk, il y avait encore des récoltes sur pied. Nous atteignîmes Mojaïsk le 28 octobre, dans la nuit, par une tempête de neige. L'odeur y était abominable, du fait des maisons brûlées et des cadavres d'animaux en décomposition. Je m'installai avec quelques autres, pour la nuit, dans les débris d'une maison incendiée.

Le matin suivant, je me rendis au quartier général, qui occupait un recoin de maison à demi-brûlée. Le comte de Scheler s'habillait, les officiers d'état-major étaient assis sur des tas de pierres et des poutres, autour du feu. Quelques-uns d'entre eux étaient occupés à enterrer la dépouille mortelle d'un camarade qui avait succombé au typhus des armées. Cette terrible maladie commençait déjà à régner parmi nous.

Nous restâmes dans la ville jusqu'au 29 à midi, puis nous reprîmes cette même grand'-route sur laquelle nous avions déjà supporté tant de fatigues et de privations, et où de nouvelles souffrances nous attendaient. Nous fûmes rejoints par les troupes restées à Moscou. Les hommes s'y étaient reposés et avaient bonne mine. C'étaient, pour la plupart, des cavaliers démontés. Ils étaient armés, comme les fantassins, de fusils provenant de l'arsenal de Moscou. Cet armement leur déplaisait, si bien que, quand ils virent le désordre très grand qui régnait parmi nous, ils jetèrent fusils et munitions et s'en allèrent chacun de leur côté, le porte-manteau sur le dos et la baguette du fusil dans la main, en guise de bâton, sans qu'aucun officier pût les en empêcher.

Il y avait aussi, venant de Moscou, des convalescents et des blessés, qui souffraient encore de leurs blessures. Un officier d'ordonnance du général de Breuning, que je connaissais depuis 1805, était parmi eux. Il me conduisit près du fossé de la route, où gisait le cadavre du général, qui venait de succomber au typhus. Cet homme avait été mon ami. Je me rappelais la façon mi-sérieuse, mi-plaisante dont il disait à ses camarades et à ses subordonnés : « Je te vois d'ici, dans le fossé de la route; tu mordras l'herbe, tu teindras la terre de ton sang ! » Et c'est lui qui était là. Il avait succombé à une maladie qui entraîne souvent une mort rapide, et que nous appelions le « typhus des armées [1] ». Il était tombé malade à Moscou, et il était mort à Mojaïsk.

Son officier d'ordonnance me raconta l'existence qu'ils avaient menée à Moscou, et s'informa de la mienne. Il me demanda des nouvelles de notre chien, car, comme beaucoup d'autres régiments, nous avions un chien. Nous étions suivis par un certain nombre de ces animaux depuis Posen, et chaque journée de marche à travers la Pologne nous en amenait d'autres, ce qui était interprété par beaucoup d'entre

---

(1) *Kriegspest.*

nous comme un mauvais présage. L'un d'eux nous resta fidèle. C'est après le passage du Niémen qu'il attira notre attention. Il nous suivait dans toutes nos marches et dans tous nos campements. Il semblait se plaire parmi nous ; il était toujours gai, même au camp de la Tchernichnya. Après la bataille du 18 octobre, qui anéantit le régiment, je ne sais ce qu'il devint.

Nous traversâmes la forêt qui sépare Mojaïsk du champ de bataille de Borodino, et qui avait été en partie détruite depuis la bataille. Nous allions par masses sans observer aucun ordre, l'artillerie et les chariots au milieu, les hommes, montés ou à pied, autour d'eux. Nous marchions sur des armes et des cartouches jetées par les cavaliers démontés venus de Moscou. C'est eux qui avaient donné ce funeste exemple, qui ne fut que trop suivi plus tard.

En sortant de la forêt nous avions le champ de bataille à notre gauche. Le blé avait poussé depuis la journée sanglante. A travers ses tiges vertes, on voyait des cadavres d'hommes et de chevaux.

On ne peut guère aborder une sépulture sans penser à ceux qui y dorment leur dernier sommeil, et sans songer à sa propre fin mais jamais encore, ni en Saxe, ni en Silésie, ni en

Souabe, ni en Bavière, ni sur aucun des champs de bataille de la guerre de Trente Ans ou de la guerre de Sept Ans, que j'avais eu l'occasion de visiter, je ne m'étais senti envahi par une tristesse aussi profonde : car là reposaient beaucoup de ceux qui avaient été les compagnons de ma jeunesse ou avec lesquels j'avais vécu les graves événements de ces temps si prodigieusement tourmentés.

Le soir était venu. Nous approchions du cloître de Kolozkoï. Le fossé de droite de la route était rempli de chevaux morts et d'objets de toute sorte. A chaque instant, des chevaux épuisés y tombaient, sans pouvoir se relever. La fatigue et la faim étaient telles que personne ne répondait à l'appel de ceux qui voulaient lui porter secours.

Nous arrivâmes la nuit à l'entrée du cloître, qui, depuis la bataille, servait à la fois d'hôpital et de dépôt d'armes. On y avait rassemblé les fusils, les canons, et les boulets qu'on avait recueillis. L'entrée était palissadée, et, aux angles du mur, des canons avaient été disposés pour la défense. L'accès n'en était pas permis à tout le monde. C'est là, entre des murs et avec du feu, que je passai la nuit très froide du 29 au 30, en compagnie des généraux et de plusieurs officiers d'état-major. Nous y trouvâmes une garnison un peu mélangée. Il y avait un magasin de vivres. Nous dormîmes peu, car les préparatifs du départ matinal furent très bruyants. On m'a dit que Napoléon lui-même y avait passé la nuit.

De grand matin, l'ordre fut donné d'emmener le plus de blessés qu'on pourrait. Chaque voiture, qu'elle appartînt à un maréchal ou à un colonel, chaque fourgon, voiture de cantinier ou drochka, devait en prendre un ou deux. Une brigade würtembergeoise formée de chasseurs à pied et d'infanterie légère, et qui comptait encore 200 hommes, avait été désignée par l'Empereur pour exécuter cet ordre. Les soldats portaient les blessés, et les officiers indiquaient les places où il fallait les déposer. Tandis que les officiers considéraient cette mission comme un privilège, leurs subordonnés se plaignaient amèrement de la fatigue qui en résultait pour eux. En tout cas, l'ordre fut exécuté de la façon la plus ponctuelle, et tout fut terminé en une heure et demie.

Quelque bonne que fût l'intention de l'Empereur, cela tourna mal pour les malheureux blessés. Ils tombèrent entre les mains de cochers grossiers, de valets insolents, de cantiniers brutaux, de femmes enrichies et arrogantes, de frères d'armes sans pitié, et de toute la séquelle des soldats du train. Tous ces gens n'eurent qu'une seule idée : se débarrasser de leurs blessés. Partout où l'on campait pour la nuit, ou bien en chemin, quand ces malheureux avaient besoin de descendre de voiture, ou de refaire leurs pansements, on les abandonnait. Dès le jour suivant, j'en vis quelques-uns gémir sur la route et implorer du secours. Plus tard, on n'en vit plus, mais on racontait les histoires les plus épouvantables sur le sort qu'ils avaient subi, et la brutalité de ceux qui avaient pour mission de les emmener.

CHAPITRE II

LA FUITE VERS SMOLENSK

Le 3o octobre, nous nous mîmes en marche sur Ghatsk, dans le plus parfait désordre. L'Empereur avait pris les devants, avec sa garde. On marchait vite. Le froid stimulait tous ceux qui conservaient quelques forces.

Même il y avait des hommes encore gais. A droite de la route, un hussard prussien, entouré d'une nombreuse société parmi laquelle se trouvaient des femmes, déclamait un poème héroï-comique.

A midi, le temps était devenu clair. Nous avions marché avec tant de hâte que nous nous trouvions seuls sur la route. Napoléon, avec son escorte et sa garde, était très en avant, et nous avions laissé l'immense convoi de voitures derrière nous. Nous fûmes frappés de trouver de place en place, sur la route, des cadavres isolés de soldats russes. Ils avaient été tués d'une balle dans la tête, et leur mort était récente. L'un de ces cadavres était même encore chaud. On nous dit en arrivant à Ghatsk, que, parmi les convois de l'Empereur, se trouvait un détachement de prisonniers russes escorté par des grenadiers badois, à qui l'ordre cruel avait été donné de fusiller les prisonniers qui seraient épuisés et incapables de continuer la route. Nous avions compté huit de ces cadavres. Ce sont bien, en effet, des grenadiers badois qui ont escorté jusqu'à la Bérézina les bagages, la caisse et la cuisine de Napoléon. La vérité de ce fait m'a d'ailleurs été encore affirmée plus tard, à Borizof, par deux sous-officiers de ce même régiment de grenadiers badois, qui, prisonniers comme moi, me servaient d'ordonnances. Ils assuraient que c'était Napoléon lui-même qui avait donné cet ordre. Parmi les officiers de son état-major, les uns se seraient rangés à son avis, les autres, comme Berthier, se seraient élevés contre lui. Ces derniers auraient même insinué à quelques grenadiers de laisser échapper leurs prisonniers successivement, à la faveur de la nuit. Les exécutions cessèrent d'ailleurs dès le lendemain, quand les Cosaques recommencèrent à nous harceler entre Ghatsk et Wiazma.

Les faits ci-dessus rapportés nous semblaient d'autant plus vraisemblables que notre retraite s'accomplissait dans des conditions particulièrement cruelles. Tous les villages avoisinants étaient en flammes, les voitures de munitions sautaient, et, le jour même, de formidables détonations se firent entendre en arrière de nous, comme si Mojaïsk et le couvent de Kolozkoï avaient sauté. Souvent les explosions se produisaient très près de nous, et c'est miracle si, avec l'imprudence des soldats, nous n'eûmes pas à déplorer de malheur parmi nous.

Nous allions généralement à pied, conduisant notre cheval par la bride, tout en songeant au sort qui nous attendait dans cette région dévastée. De temps en temps, quelqu'un des nôtres tombait de faim et d'épuisement sur le bord du chemin, et je me demandais à quel moment je tomberais à mon tour. J'étais plongé dans ces réflexions, quand j'aperçus soudain, à mes pieds, une cuillère de bois. Je la ramassai, la considérant comme un avertissement du ciel pour me faire savoir que je ne mourrais pas de faim, et le courage me revint.

Arrivé le soir à Ghatsz, je trouvai le lieutenant Weiss, qui, blessé le 6 juillet à Widsy, avait été soigné à Wilna. Après sa guérison, il avait réuni tous les hommes et les chevaux du régiment qui, pour une cause quelconque, étaient restés en arrière depuis le passage du Niémen et, il en avait formé un détachement dont il avait pris le commandement. Il voulait voir Moscou : mais il était arrivé trop tard.

Nous nous étions réunis avec quelques amis, parmi lesquels le colonel de Normann, pour faire cuisine ensemble. C'est Weiss qui s'entendait le mieux à ce métier. Avec de la farine et de la viande, il confectionnait des boulettes qui suffisaient à nous rassasier.

Nous étions encore réunis pour manger autour du feu, quand nous apprîmes qu'un courrier envoyé par notre roi arrivait de Stuttgart, porteur d'argent pour le corps de troupes, de décorations et de sabres d'honneur, de médailles d'or et d'argent pour les officiers et les soldats qui s'étaient distingués.

Le même soir, on nous fit repartir pour aller bivouaquer dans un village, à quelque distance de la grand'route. Un de mes malheureux camarades, transi de froid et épuisé par la faim, appuyé à un bouleau au bord du chemin, me dit : « Vous êtes parmi ceux auxquels le roi a envoyé la décoration ! » Cette nouvelle me surprit, je lui répondis : « Si nous étions sûrs du lendemain, la nouvelle que vous me donnez me comblerait de joie : mais en ce moment où la mort nous guette, le souci de la conservation domine tout autre sentiment. » Lui-même devait mourir deux jours plus tard.

C'est à ce moment que commencèrent les difficultés au sujet des fers des chevaux. A Ghatsz, beaucoup essayèrent de les faire réparer ou changer, mais en vain. Il fallait désormais compter avec cette nouvelle complication, qui dura pendant toute la retraite et fut la cause d'innombrables malheurs.

Le jour suivant, 31 octobre, nous fîmes halte à environ un mille de Wiazma, par un beau soleil. Ceux qui avaient quelque chose à faire cuire préparèrent leur repas. Un de mes collègues, Schaumann, le lieutenant Weiss, le commandant von Hügel et moi, nous confectionnâmes une bouillie de sarrazin. Nous allions repartir, après l'avoir mangée, quand un cri s'éleva soudain : Les Cosaques ! les Cosaques ! Weiss prit le trot, je le suivis aussi vite que mon cheval me le permettait, et, grâce à notre rapidité, nous leur échappâmes. Beaucoup furent faits prisonniers, beaucoup furent blessés, et nous apprîmes par ceux qui purent nous rejoindre les tristes résultats de cette attaque imprévue.

C'était la première fois que nous retrouvions les Cosaques depuis Borowsk. Continuant à fuir jusqu'à Wiazma, nous trouvâmes les nôtres aux prises avec les Russes au sud de la ville. Il y avait des blessés ; en particulier des chasseurs à pied, et dans la ville le tumulte était grand. Weiss vint en aide à quelques camarades, dans la mesure de ses moyens, et je pansai leurs plaies, après quoi nous nous mîmes à la recherche d'un gîte pour passer la nuit. Il était tard. Nous frappâmes à la porte d'une maison neuve en bois, à la fenêtre de laquelle il y avait du monde : « Que voulez-vous, camarades ? » — « Nous voudrions passer la nuit ici. » — « Si vous avez des provisions et si vous voulez partager avec nous, nous sommes prêts à vous ouvrir ! » — Nous acceptâmes. Weiss avait de la farine et de la viande, j'avais des pois et du café. Eux avaient du pain et de l'eau-de-vie. Ils ouvrirent la porte. Nous pénétrâmes dans une pièce chauffée, où se trouvaient un jeune officier de la garde saxonne à cheval et un commandant westphalien. Il y avait une écurie et du fourrage pour les chevaux. La nuit se passa à faire la cuisine, à manger, à parler des effroyables événements passés, et de tout ce que l'avenir nous réservait encore. Enfin nous pûmes dormir. Le lendemain, 1er novembre, les deux officiers reprirent le chemin de Smolensk. Weiss partit à la recherche de son détachement, et moi de notre quartier général, que je retrouvai bientôt.

La misère affreuse où étaient tombées toutes les troupes de ligne (la garde exceptée) et particulièrement celle de nos compatriotes, que la rencontre de la veille avait encore décimés, détermina le comte de Scheler à envoyer le chirurgien en chef, Kollreuter, de Wiazma à Wilna pour y préparer deux hôpitaux, l'un destiné aux officiers, l'autre aux soldats. On lui remit, à cet effet, une somme considérable. Il dut partir le jour même, et son service me fut confié.

Des 26 médecins-majors du corps d'armée, c'est moi qui comptais le plus d'années de service et, à mon entrée en campagne, j'avais obtenu l'assurance d'avoir de l'avancement à la première vacance qui se produirait. J'étais faible et amaigri, mes vêtements étaient à moitié brûlés et déchirés, cependant j'avais encore du courage et de l'activité. J'allai voir immédiatement les officiers et les soldats malades ou blessés, et je pris également soin de ceux qui pouvaient nous suivre et de ceux que nous étions obligés de laisser.

Le 2 novembre, en quittant Wiazma, on me désigna les soldats d'infanterie auxquels avaient été confiés les drapeaux. Notre quartier général avait déjà, depuis longtemps, fait mettre en sûreté la moitié des drapeaux. Pour sauver l'autre moitié, on avait séparé l'étoffe de la hampe, et, choisissant les hommes qui paraissaient les plus forts et les plus résistants, on l'avait enroulée autour de leur corps, ou pliée et placée dans leur sac. Ainsi que je l'appris plus tard, les troupes würtembergeoises, grâce à cette précaution, ne perdirent pas un seul de leurs drapeaux en Russie. On me fit connaître les hommes en question, de façon à ce que, si l'un d'eux était malade ou blessé, ou vînt à mourir, je pusse agir en connaissance de cause et sauver les drapeaux.

Nous quittâmes Wiazma vers midi, par un gai soleil et un vent froid. Napoléon était à cheval, en redingote grise. Au lieu du petit chapeau, il portait un bonnet vert garni de fourrure grise. A ses côtés, chevauchaient le roi de Naples et le vice-roi d'Italie. Son escorte était peu nombreuse.

Malgré nos revers, malgré nos souffrances passées et celles qui nous attendaient, son prestige était intact et devait le rester jusqu'à la

Bérézina. On le regardait avec admiration, on le suivait avec confiance et espoir. Que de fois n'ai-je pas entendu dire à des officiers, de quelque nationalité qu'ils fussent : « Tant que Napoléon est avec nous, notre courage ne faiblira pas ! »

On avait besoin de se remonter le moral, parce que les forces physiques déclinaient beaucoup. Depuis trois jours, l'hiver s'annonçait avec rigueur, et avait causé la mort de plusieurs d'entre nous. Quelques voitures s'étaient effondrées sur la route. On entendait crier : « Du sucre ! de l'eau-de-vie ! » Les malheureux affamés se précipitaient, s'emparaient de ce qu'ils pouvaient, et partageaient avec les autres. Tout se passait dans le plus grand désordre. Du reste, depuis Borowsk il n'y avait pour ainsi dire plus d'ordre, et à Kolozkoï, le froid ayant redoublé, il n'y en avait plus du tout. Naturellement, l'eau-de-vie fut répandue en grande partie, mais tout le sucre fut emporté.

J'ai eu maintes fois l'occasion de me convaincre de la valeur nutritive du sucre. Souvent il m'arrivait, n'ayant rien d'autre à manger, de sucer un morceau de sucre et de me sentir rassassié le soir. D'autres, au contraire, qui avaient des dispositions à la diarrhée, étaient obligés de s'en priver.

Nous poursuivîmes notre marche, jusque tard dans la nuit. La neige, qui était tombée dans l'après-midi, rendait la route très pénible, surtout pour l'artillerie. Le détachement de notre régiment qui était venu de Wilna bien monté, dut mettre pied à terre, et on attela les chevaux, tout sellés, aux canons. A défaut de collier, les traits furent fixés aux sangles. Ces dispositions donnèrent à l'artillerie un aspect bizarre; elles ne servirent pas à grand'chose. On dut se résoudre, le jour suivant, à abandonner les canons trop lourds, beaucoup de chevaux étant morts dans la nuit, et le sol gelé étant devenu dur, raboteux, impraticable.

Le 3 novembre de grand matin, le comte de Scheler fit enclouer huit pièces de 16 et de 24, et scier les affûts. Tous les assistants étaient profondément émus. Nous avions l'impression d'abandonner un parent ou un ami dans la détresse. C'était les premiers canons que perdaient les troupes würtembergeoises depuis le commencement de la guerre.

La neige, tombée en abondance dans la journée, rendait la marche encore plus difficile que la veille. Les chevaux avaient une peine extrême à traîner les canons qu'on avait conservés. Les soldats durent y mettre la main, et exciter par des cris et des coups les malheureuses bêtes exténuées. Tant d'efforts étaient vains. Il était clair que, tôt ou tard, les chevaux tomberaient d'épuisement, et qu'il faudrait en venir à l'abandon.

Nous fîmes halte dans l'après-midi, près d'une maison de poste entourée de palissades. Pendant cette halte, on me vola mon épée, qui m'était devenue bien nécessaire pour faire la cuisine et le feu. J'admirai avec quelle adresse les Français savaient utiliser la viande de cheval pour leurs repas. De grandes marmites, d'où on voyait sortir des os, bouillaient et écumaient. Nous nous remîmes péniblement en marche, sur la route non frayée, dans la neige épaisse et gelée. Nous arrivâmes, tard dans la nuit, dans un bois où nous bivouaquâmes sans manger. Beaucoup de malheureux, déjà très amaigris, tombèrent malades. Je les trouvai morts le lendemain matin, et complètement gelés.

Le 4 à midi, nous fîmes halte près d'une autre maison de poste palissadée. Nous y trouvâmes un gros détachement d'infanterie, formé de jeunes conscrits n'ayant guère plus de 16 ans et portant encore, presque tous, les vêtements avec lesquels ils avaient quitté leur pays. C'étaient de jeunes Alsaciens et Lorrains. Ils nous racontèrent qu'ils étaient obligés de défendre tous les jours la maison contre les Cosaques, d'accompagner des transports et des courriers, et qu'ils ne cessaient de combattre. La maison elle-même était si remplie, qu'elle ressemblait plus à une étable qu'à une caserne. Cependant, ils avaient du pain en abondance et nous en vendirent à un très haut prix.

Le 4 et le 5 le temps ne nous permettant pas de nous éloigner de la route, notre retraite prend un aspect effroyable. Les incendies redoublent. Il se produit des scènes de misère et de sauvagerie. Les soldats s'emparent des chevaux qui tombent, et s'en partagent la chair. Quelquefois les malheureux animaux ne sont pas encore morts. Aux trois quarts dépecés, ils remuent et vivent encore.

La plupart des hommes étaient déjà hideux, noirs, sales, avec un aspect de brigands. Ces sanglantes occupations achevèrent de les rendre répugnants. Les moindres causes provoquaient des querelles, des rixes. A la plus petite discussion, les sabres, quand on en avait un, sortaient du fourreau. Je vis de mes yeux un soldat du train fendre la tête d'un camarade, pour un morceau de pain.

Les jours étaient déjà courts, et il fallait se

hâter. Nous marchions jusqu'à une heure avancée de la nuit. Nous partions de bonne heure le matin, en laissant toujours au bivouac des cadavres d'hommes et de chevaux. La perte des chevaux entraînait celle de beaucoup d'hommes encore solides. D'autres, même des marcheurs aguerris, succombaient au froid et à la faim. Dans la nuit, je vis des malheureux que je connaissais, réunis autour d'un feu, en train d'abattre un chien. La tête échut en partage au fils d'un fonctionnaire d'Ehingen. Il passa toute sa nuit à la préparer et à la manger. Il mourut peu après. Le lendemain matin, au départ, on me montra son cadavre dans la forêt, au bord du chemin.

Le chemin était encombré de fourgons, de voitures d'ambulances, et d'autres voitures abandonnées. Parmi ces dernières, je reconnus celle de mon ami Kollreuter. Il y avait aussi des canons.

Arrivés à Dorogobouge, le 6 novembre (jour anniversaire de notre roi) nous fîmes halte pendant quelques heures. Nous espérions que les magasins renfermeraient encore un peu de vivres. Mais il fallut repartir l'estomac vide, car ce qui restait avait été distribué à la Garde impériale. Nous établîmes notre bivouac à un mille de la ville, près de la grand'route, dans une plaine dénudée. Il faisait de plus en plus froid, et un fort vent du nord éteignait le feu, au lieu de l'attiser. Je m'installai près de l'artillerie, qui comprenait encore douze canons, traînés par des chevaux épuisés. Les 18 officiers dont j'étais l'hôte n'avaient pas la moindre provision de bouche. Le bois manquait. Un capitaine donna, pour entretenir le feu, une voiture de munitions que le manque d'attelage l'aurait de toute façon obligé à abandonner. Pour se protéger le mieux possible, chacun de nous s'installa à contre-vent, les pieds au feu et la tête introduite dans une cartouchière. Le froid, le vent, la fatigue, la difficulté que nous éprouvions à entretenir le feu, et le souci de l'avenir ne nous permirent pas de dormir un instant.

On avait envoyé des hommes à la recherche de fourrage. Vers minuit, une partie d'entre eux revint avec un peu de foin, et nous apprit que les autres avaient été faits prisonniers par les Cosaques. Cette nouvelle augmenta nos inquiétudes, en nous faisant craindre une attaque qui, cependant, ne se produisit pas.

D'autre part, deux soldats à moitié habillés, accourant hors d'haleine, racontèrent avec l'accent de la plus grande frayeur que, partis dans la soirée à la recherche d'un peu de nourriture, ils étaient arrivés dans un village où les habitants les avaient accueillis à coups de piques et de haches, que la plupart de leurs camarades avaient été tués, et qu'ils s'étaient échappés à grand'peine.

Un peu après minuit, un officier d'artillerie, qui était resté au quartier général pour tâcher d'obtenir des rations s'il y en avait, revint avec trois pains d'une livre et demie. C'est tout ce que le général avait pu nous envoyer pour l'anniversaire du roi. On divisa en dix-neuf parts ces quatre livres et demie de pain. L'officier d'artillerie Faber du Faur et moi, nous fîmes de la soupe, et nous nous étendîmes après l'avoir mangée. A l'issue de cette nuit de froid et d'épouvante, je trouvai mon cheval blanc de givre, et à demi-mort. Je me sentais plein de pitié pour ce pauvre animal, mais ce qui me fut le plus sensible c'est que mon porte-manteau m'avait été volé. Il renfermait le plus précieux héritage de mon père : son portefeuille, sur lequel il avait consigné les événements les plus importants des dernières années de sa vie. Là où il s'était arrêté, j'avais commencé à écrire à mon tour.

Les vols étaient fréquents, et les officiers supérieurs n'étaient pas épargnés. Ces vols n'avaient pour objet que de rechercher le pain et les vivres qu'on était soupçonné de cacher.

Le 7, nous continuâmes notre route, plongés dans un brouillard épais et glacial. Nous nous enveloppions dans nos manteaux jusqu'aux yeux, pour nous préserver le nez et la bouche. On ne voyait pas le troisième ou le quatrième homme qu'on avait devant soi. Vers midi, le brouillard se dissipa, on fit halte. Ceux qui avaient du café firent fondre de la neige pour le préparer, et le burent en grande hâte. Un soldat du régiment du Roi vint se chauffer à notre feu. Enlevant son porte-manteau de son dos, il en déballa le contenu, et dit d'une voix sourde: « Je voudrais vendre tout ce que j'ai pris à Moscou, pour pouvoir me procurer des vivres à Smolensk. » Ce qu'il avait de plus précieux était une paire de bottes de voyage en velours doublées de flanelle, que j'achetai 4 florins. Je leur dois d'avoir conservé mes doigts de pied. Beaucoup d'entre nous avaient les doigts de pied gelés, depuis Wiazma. J'étais pourvu de gants, et depuis le camp de la Tchernichnya, j'avais ajouté un cache-oreilles à mon chapeau.

Le soir, le froid avait repris, et il faisait déjà noir quand nous atteignîmes le village de Solowiewa, où nous devions passer le Dniéper. Nous connaissions d'avance les difficultés qu'offrait ce passage.

Avant d'y arriver, la route se dirige parallèlement au fleuve; à gauche se trouve un bois qui était rempli, comme la route, de canons et de voitures de bagages. Au niveau du pont, la route fait un angle et descend brusquement vers le pont, le traverse, et remonte de même brusquement sur la rive droite; après quoi, elle fait un nouveau coude, et s'éloigne.

Par la gelée, avec des chevaux épuisés et mourant de faim, n'ayant pas été ferrés à glace et même souvent n'étant pas ferrés du tout, avec des canons et un immense convoi, ce passage était particulièrement difficile. Hommes et chevaux peinaient en vain. Cependant on était arrivé à faire traverser péniblement quelques canons. En haut, sur la rive droite, le général Ney en grand uniforme, sans manteau, entouré d'une petite escorte, interpellait nos généraux en patois alsacien : « Messieurs, ce n'est pas une retraite, c'est une débandade comme jamais je n'en ai vue ! »

Il y avait à peine un quart d'heure que nous marchions sur l'autre rive, quand des fuyards arrivèrent, nous racontant que les Cosaques avaient surpris ceux qui étaient encore sur la rive gauche, s'étaient emparés des canons et des bagages et avaient causé une telle panique parmi les hommes que tous voulaient passer le pont à la fois, et que beaucoup périrent. Jusqu'au milieu de la nuit, nous vîmes arriver des hommes et des femmes blessés par les Cosaques.

La moitié des canons qui restaient aux troupes würtembergeoises demeurèrent entre les mains des Russes, qui, par bonheur, ne continuèrent pas la poursuite.

La nuit suivante fut plus épouvantable encore. J'eus la chance de trouver avec nos généraux un abri, quelque insuffisant qu'il fût, un peu de nourriture pour moi, et de fourrage pour mon cheval. Dans l'étroit local que nous avions découvert, l'entassement nous donna vite un peu de chaleur. Dans une grange voisine, une femme que je connaissais préparait un repas, et m'invita à le partager. Il me parut très bon : « C'est de la viande de cheval, cuite deux fois avec une sauce au vinaigre et à la farine, me dit-elle. Des soldats ont abattu hier un jeune cheval et nous voici approvisionnés de viande pour plusieurs jours ! »

Après quelques heures de sommeil, le jour commença à poindre. Le général de Kerner sortit, et revint au bout d'un moment, complètement bouleversé : « Je viens de voir la chose la plus épouvantable qu'on puisse imaginer ! Là, dehors, dans la plaine, tous nos hommes sont morts et raidis par la gelée. Ils sont encore dans la position dans laquelle ils se sont endormis hier, autour des feux de bivouac. »

Nous nous remîmes en marche à travers cette plaine, où plus de trois cents cadavres étaient disposés en rond autour de feux éteints. Les branches d'arbres humides qui avaient servi à alimenter ces feux avaient donné trop peu de chaleur pour entretenir la vie chez ces malheureux, affamés et affaiblis comme ils l'étaient. Il y avait encore d'autres cadavres sur la route. Pas un être vivant ne bougeait parmi eux. A l'uniforme, je reconnus beaucoup des nôtres, en particulier beaucoup d'hommes du régiment du Prince Héritier.

Dans cette épouvantable nuit, l'armée perdit aussi la plupart de ses chevaux.

En continuant notre route, nous vîmes dans un chemin de traverse un Français qui semblait dormir, sur une place encore chaude où il y avait eu du feu pendant la nuit. Le général comte de Scheler, le comte de Beroldingen et le colonel de Bangold essayèrent de le secouer : « Levez-vous, venez avec nous! Vous allez mourir, si vous ne faites pas un effort pour vous remettre sur pied ! » — « Mourir, c'est bien ce que je veux, répondit-il. Mes membres sont déjà raidis, mon corps le sera bientôt aussi, laissez-moi tranquille ! » Toutes les instances furent vaines, et nous dûmes ensuite continuer notre route sans nous occuper de ceux que nous laissions derrière nous.

Enveloppés d'un épais brouillard, par un froid affreux, avec des scènes de désolation sous les yeux, en proie à un hiver très rude, à la faim et à toutes les privations, harcelés par les Cosaques, nous approchions de Smolensk qui nous apparaissait comme un port de salut, comme un endroit où nous pourrions nous reposer et nous refaire.

Quand nous atteignîmes la ville, le 11 novembre, le temps s'était radouci. Malgré tout ce que nous avions perdu de voitures, de bagages et de canons depuis Wereja, le convoi qui nous suivait, dans la vallée du Dniéper, était encore immense.

L'aspect de la forteresse de Smolensk est très intéressant pour l'étranger. Située dans la vallée du Dniéper, entourée de hautes montagnes, elle forme comme une vaste enceinte qui enferme les faubourgs, si bien que, quand on arrive de Dorogobouge on n'aperçoit aucune maison. Le mur d'enceinte comprend une tour tous les deux cents pas environ. Son épaisseur est aussi remarquable que sa hauteur, car entre les tours sont ménagés de larges espaces sur lesquels les troupes peuvent faire l'exercice.

On pénètre par une seule porte dans la ville et dans la forteresse. Pour l'atteindre, il fallut monter en faisant un demi-cercle. Après l'avoir franchie, nous eûmes sous les yeux le spectacle d'une ville qui viendrait de subir un siège et un bombardement. Les maisons incendiées, les églises ouvertes, saccagées ou converties en lazarets; des soldats aux uniformes à demi-brûlés et en guenilles, des chevaux misérables. Par bonheur, il y avait aussi des marchands juifs et des cantiniers, en qui nous avions mis depuis longtemps tout notre espoir, et, dans les petites rues, nous trouvâmes encore assez de maisons intactes pour nous servir d'abris.

On avait emmagasiné dans la ville des provisions de toute sorte pour l'armée. La Garde obtint la plus grosse part. Il resta peu de choses pour les combattants. Notre quartier général acheta de la farine, du riz, de la viande et de l'eau-de-vie en assez grande quantité pour rassasier tous ceux qui se présentèrent. Mais beaucoup ignorèrent ces distributions, et Smolensk ne procura aucun bien-être à ces malheureux. On voyait arriver des soldats et des officiers affamés, en guenilles, dont l'état de misère inspirait à la fois la compassion et le dégoût. Parmi eux je reconnus l'aide-major Meyer, qui était avec moi au camp de la Tchernichnya. Il était dans un tel état qu'il semblait impossible qu'il pût reprendre le dessus Il avait dans la main une tige de chou avec ses racines, et me la montra en disant : « Voilà ma seule nourriture depuis cinq jours ! Je n'ai pas d'argent et ne vois aucun moyen de me refaire. » Je lui donnai deux thalers, et lui indiquai l'endroit où se faisait la distribution des rations. Je lui conseillai de se joindre à nous désormais, mais je ne le revis plus.

Les trois jours que je passai à Smolensk furent très supportables. D'abord, j'eus le bonheur de recevoir la décoration que le Roi m'avait conférée, et, d'autre part, je pus me procurer la nourriture dont mon corps affamé avait si grand besoin. Mais nos estomacs affaiblis étaient déshabitués de fonctionner. A peine avions-nous mangé et croyions-nous être rassasiés, la faim recommençait à nous torturer, et si nous mangions à notre faim, cela nous valait des crampes d'estomac et des pesanteurs dans le ventre.

Le danger continuel de notre situation avait

une action démoralisante sur tous les esprits. On était devenu étranger aux sentiments d'honnêteté, de camaraderie, et de discipline. Ainsi, j'avais une affection particulière pour le chef d'escadron de Reinhardt. Depuis cinq ans, nous vivions fraternellement côte à côte, nous avions la plus grande confiance l'un dans l'autre, et, depuis le commencement de la guerre, nous partagions le peu que nous avions. A Smolensk, il arriva que le comte de Scheler, comme il le faisait volontiers, me donna, sur sa part, un pain blanc avec du beurre et un verre de vin rouge. Reinhardt, qui avait observé la chose de loin, vint me trouver : « Je pense que vous allez partager avec moi. » — « Non ! » lui répondis-je. — « C'est bien, je m'en souviendrai ! » — Il s'éloigna, et je mangeai seul ce qui m'avait été offert. Je me suis longtemps reproché cet acte. Cinq ans plus tard, répondant à une lettre d'excuses que je lui avais adressée en Alsace, Reinhardt m'écrivait : « Je suis désolé que vous vous adressiez encore des reproches à ce sujet. Vous devriez me connaître mieux, et savoir que je ne garde pas la mémoire de ces choses. La triste situation dans laquelle nous nous trouvions là-bas a poussé beaucoup d'entre nous à des actes que leur cœur réprouvait. »

Mes fonctions de chirurgien en chef me procurèrent quelques occupations à Smolensk. Je vis des officiers et des soldats malades et blessés qui étaient là depuis le mois d'août. Je reçus les rapports écrits et verbaux des rares médecins survivants de notre corps, et je pris des mesures pour les malades et les blessés qui, ne pouvant pas supporter le transport, devaient rester dans la forteresse. Ils furent installés dans une église. On leur donna des lits, et on organisa tout avec un ordre et une propreté que je n'avais jamais vus depuis le commencement de la guerre. Nous laissâmes 50 hommes aux soins d'un aide-major muni d'une recommandation écrite du quartier général pour l'autorité militaire russe. Cet aide-major s'offrit volontairement, et très bravement. On lui confia une somme importante pour lui permettre de venir en aide d'une façon quelconque à ses malades. Mais lorsque nous eûmes tous quitté Smolensk, il perdit courage, abandonna ses malades, et s'enfuit.

J'avais passé trois nuits dans la ville; la première dans une maison détruite, la seconde en plein air, et la troisième chez un Polonais. Ce dernier, parfaitement disposé pour nous, parlait bien l'allemand et avait hébergé pendant deux jours un grand nombre d'officiers würtembergeois, auxquels je succédais. Il me fit manger des rognons, des pommes de terre, et de l'eau-de-vie. Il me donna un lit, le premier dans lequel j'eusse couché depuis la guerre, et m'entretint de notre retour victorieux, auquel il croyait fermement. Pendant la nuit, il nourrit mon cheval et le pansa. Le lendemain matin il le sella, accepta un thaler comme indemnité de logement, et m'aida à me mettre à cheval. Il prit congé de moi très cordialement, en exprimant le vœu de me revoir. Cette hospitalité, à laquelle je n'étais plus habitué depuis que j'avais quitté l'Allemagne, me fit le plus grand bien, et c'est avec force remerciements que je quittai mon Polonais. Je m'éloignai de la ville avec notre quartier général.

CHAPITRE III

DE SMOLENSK JUSQU'A ORCHA

La plupart des Français quittèrent Smolensk avec Napoléon dans la nuit du 13 au 14 novembre et le matin suivant. J'en sortis à mon tour avec notre état-major. Depuis deux jours, le froid avait augmenté et il y avait du verglas. A peine avions-nous passé la porte de la ville, que les scènes de désolation recommencèrent. Au bout de deux verstes environ, les cosaques revinrent nous harceler. En avant et en arrière, les masses de fuyards se serraient pour repousser leurs attaques. Nous avancions lentement en subissant quelques pertes. Le soir, tout étant redevenu calme, nous campâmes à l'abri d'un bois, à gauche de la route qui mène à Krasnoïe et à mi-chemin entre Krasnoïe et Smolensk.

Depuis Mojaïsk, je remarquais un officier d'infanterie légère allemand qui avait suivi la retraite depuis Moscou avec une voiture toute remplie de sacs de thé. Il transportait son thé comme on transporte l'avoine, chez nous. Ce jour-là, il était venu se reposer auprès de mon feu. Il prépara du thé, le but, et permit à son ordonnance de se faire à son tour du thé avec les feuilles qui avaient déjà servi. Je ne pus m'empêcher de lui reprocher cette parcimonie cruelle, étant donnée l'énorme provision dont la voiture était chargée. « Que voulez-vous, me répondit-il, mon thé, si j'arrive à le transporter en Allemagne, me vaudra une fortune. » Nous nous remîmes en marche de bonne heure. L'officier s'attarda, à cause de son thé. Tout de suite après notre départ, des Cosaques survinrent. Il est probable qu'ils le prirent, lui et sa voiture de thé, car nous ne le revîmes jamais.

Le 15 novembre, la marche fut rendue particulièrement pénible par de fréquentes attaques de Cosaques et par le très grand froid.

Napoléon avait depuis longtemps pris les devants, avec sa Garde. Nous suivions en traînards et, bientôt, comme la veille, nous fûmes rejoints par les Cosaques qui nous harcelaient en avant, en arrière, de côté, mais sans nous attaquer [1].

A une lieue de Krasnoïe, nous fûmes accueillis par les Russes qui occupaient les hauteurs à gauche de la route, avec de la cavalerie et de l'artillerie. Ils étaient si proches que nous risquions à chaque instant d'être pris. Nous ne pouvions ni avancer, ni reculer. Il y avait devant nous un ruisseau que la route traversait sur un pont, où venaient s'accumuler l'artillerie et les fourgons. Les Russes semblaient porter toute leur attention sur ce point, vers lequel ils faisaient converger leur tir.

Cependant, notre troupe de traînards, officiers et soldats de toute nation, s'était augmentée peu à peu, et comptait maintenant 300 hommes environ. Les généraux de Stockmeier et de Kerner les firent rentrer en lignes. Ils étaient en haillons. La plupart avaient entre les mains des cannes, des baguettes de fusil, des bâtons. Ils les placèrent sur leurs épaules comme des fusils. Je mis pied à terre et gardai mon cheval à ma droite, pour grossir la ligne. On fit avancer un canon, mais il était si bien enveloppé de sacs qu'il fallut un certain temps pour le mettre

---

[1]. Les combats des 15-19 novembre sont connus dans l'histoire sous le nom de bataille de Krasnoïe.

en état de tirer, et quand enfin un coup partit, la détonation fut si lourde et si faible, que quelqu'un fit cette réflexion : « Nous en sommes réduits à la dernière extrémité ; la poudre elle-même a perdu sa force, comme les hommes et les chevaux ».

Lorsque à leur tour les Russes firent feu sur nous, le vaillant général de Stockmeier commanda : « A droite, en avant ! marche ! » Nous nous précipitâmes dans le ravin, les uns sur le pont, les autres à côté, le ruisseau étant complètement gelé. Les Russes redoublèrent alors le feu de leur artillerie, mais la plupart des nôtres purent traverser.

Au sortir de ce défilé, nous quittâmes le chemin encombré de canons, et nous prîmes à droite. Nous avions hâte de nous soustraire au feu des Russes. Notre courage avait été tellement ranimé par ce succès que, bien que désarmés nous entourions notre général comme un troupeau son berger. Nous atteignîmes heureusement Krasnoïe dans la nuit.

Ce jour-là, les derniers canons würtembergeois furent perdus, ainsi que beaucoup d'autres.

Nous retrouvâmes tous les officiers de notre corps de troupe qui avaient quitté Smolensk avant nous, réunis dans une maison de la place du marché. Ils étaient entassés dans un espace étroit, quel que fût leur rang, et les généraux réclamaient moins que les jeunes officiers. Le reste des troupes encore armées campa devant la porte de la ville.

Notre misère apparut plus nettement encore le jour suivant, 16 novembre. La petite ville était remplie d'hommes, de chevaux, de bagages : les feux brûlaient tout près les uns des autres, et, en dehors des murs, le canon grondait sans interruption.

Le général de Scheler reçut de tous côtés des rapports concernant des malades et des blessés, si bien que, faisant fonction de chirurgien en chef, je fus très occupé.

Quelques-unes des visites que je fis ne peuvent s'effacer de ma mémoire. Un vétéran d'artillerie avait eu, la veille, la jambe broyée par un obus, au niveau de l'articulation. Je le trouvai installé avec sa femme dans un quartier tranquille. On l'avait pansé et il était bien soigné. Cependant il avait de la fièvre, il se plaignait de violentes douleurs, et la plaie s'était remise à saigner. J'enlevai le pansement et j'examinai la blessure. Les os étaient écrasés, la peau, les muscles, les vaisseaux étaient arrachés. Le seul moyen de sauver cet homme aurait été d'amputer la jambe.

J'avais perdu mes instruments au passage de Solowiewa. Cependant l'opération aurait pu être tentée. A peine en eus-je parlé, que la femme du blessé se récria : « Comment pouvez-vous être assez barbare pour vouloir ajouter encore à notre effroyable misère ! Depuis que nous avons mis le pied dans ce pays, nous avons eu à lutter contre la faim, la soif, le froid, tout ce que la détresse humaine peut avoir de plus affreux. Nous nous en sommes tirés tant bien que mal. Dieu nous a protégés jusqu'au passage de ce pont... » Après avoir pleuré et gémi, elle tomba par terre sans connaissance. Je m'occupai d'elle, puis je fis le nécessaire pour arrêter l'hémorragie du blessé : « Laissez ma jambe telle qu'elle est, me dit-il bravement ; je me remets à mon sort aussi tranquillement que je le faisais auprès de mon canon. Seule, l'inquiétude que me causent ma femme et les enfants que j'ai laissés à la maison me rend la mort qui va venir plus pénible que celle que j'aurais trouvée sur le champ de bataille ! »

Une scène non moins émouvante m'attendait à l'hôpital militaire. Des quantités de blessés et de fiévreux gisaient tout habillés par terre, sur de la paille pourrie convertie en fumier. Il y en avait peu appartenant à notre corps de troupe. Parmi eux, un jeune soldat du train éveilla particulièrement mon intérêt : « Ah ! comme je suis content que vous soyez venu ! me dit-il. Hier, j'étais tranquillement à cheval près du pont, quand une balle m'atteignit au pied. On m'a apporté ici dans la nuit et personne n'est venu me voir, pas plus du reste que ceux qui m'entourent... » Il avait une fracture compliquée du péroné gauche. Il n'était pas affaibli. Pendant le pansement, il montra beaucoup de courage et de gaité, et me raconta son histoire : « Je suis le fils du fabricant de briques Johann d'Oberlenningen. Si vous allez un jour dans mon pays, portez mon souvenir à mon frère ! Dites-lui que vous m'avez vu au moment de mon accident. Je prierai pour lui avant de mourir. »

Dehors, dans une sorte de *kibitka*, je trouvai le capitaine Schmidt, que je n'avais pas vu depuis la campagne de 1805. Il était atteint du typhus des armées. Il était très malade, et avait presque perdu connaissance. Il était tout en sueur ; il avait la langue sèche et d'un brun noir. Son pouls était incomptable. J'essayai de le consoler en lui disant : « Si la sueur dont vous vous plaignez est une sueur critique, vous serez bientôt guéri ! » Il me répondit : « Je ne crois pas à une guérison possible et je vous supplie seulement de me procurer de l'eau et du vin, pour apaiser la soif qui me dévore... » Il parlait comme en rêve. Ce n'était pas le moment de discuter. Nous nous attendions à chaque instant à être attaqués par les Russes et à recevoir l'ordre de partir. Cependant, au risque d'être fait prisonnier et malgré son état, je voulus remplir son dernier vœu. En ouvrant la voiture, j'avais eu l'impression de respirer un air empoisonné. Je fis mon rapport au général. Il me donna une bouteille de vin pour le capitaine et une poignée de pièces d'argent de 40 kreutzer pour les partager entre les soldats les plus misérables. Il y joignit du sucre et du café pour le jeune soldat du train.

Après m'être acquitté de ces commissions, je me rendis à l'hôpital militaire, où je trouvai des chirurgiens français en train de pratiquer des amputations sur des soldats blessés la veille et dans la journée même. Ils étaient cinq. Parmi eux, un vétéran commandait avec autorité : ce devait être le baron Larrey. Les autres opéraient avec beaucoup d'adresse, et les soldats, qui appartenaient tous à la jeune garde, montraient beaucoup de courage. Je fus émerveillé de voir combien ces médecins avaient conservé de vigueur corporelle, et combien leurs vêtements étaient en bon état. Les membres de leurs patients étaient également ronds, gras et robustes. Nous autres, qui n'appartenions pas à la garde, nous étions déjà depuis longtemps émaciés, nos vêtements étaient en lambeaux, et notre aspect était lamentable.

Le soir était venu. Je sentais le besoin de manger. Je trouvai mon collègue Scherer sur la route, auprès du feu. Il avait rapporté des bords de la Dwina un butin aussi riche que s'il était allé à Moscou : de beaux chevaux, des voitures, des couvertures et des vivres. Il partagea généreusement avec moi ses provisions de bouche, et en particulier son café et son thé.

Je retrouvai un autre ami, l'auditeur Faulhaber, mais dans une situation si différente ! Il ressemblait à un vieillard. Son premier mot fut pour me dire : « Mon ami, veux-tu avoir la bonté de me procurer une soupe? » Il n'y avait pas de soupe, mais je lui donnai de la bouillie faite avec de la farine noire qui était notre mets habituel. — « Peux-tu me prêter une cuiller ? » Je sortis la mienne de ma poche, mais je ne le quittai pas pour ne pas la perdre. Il mangea en portant la bouillie à sa bouche d'une main froide et tremblante. Puis il me remercia. Il était si faible, qu'il ne lui était pas possible de marcher, et je crains bien que Krasnoïe n'ait été son tombeau.

Le tumulte continuait dans la ville. Dehors, le canon ne cessait de gronder et les coups de feu de crépiter. La nuit était avancée. Bien qu'il fît très froid je restai en plein air avec Scherer auprès du feu.

Le 17 novembre dès l'aube, on commença les préparatifs de départ, et nous nous remîmes en marche dans la matinée. L'ennemi occupait les hauteurs, le long de la route qui mène à Ljady, et sur laquelle Napoléon nous précédait avec la Garde. Nous dûmes, comme l'avant-veille, défiler sous une pluie de balles. Nous avancions en manœuvrant, et à mesure que nous approchions du front des Russes la canonnade devenait de plus en plus violente. D'où j'étais, je n'observai ni attaque sérieuse, ni défense vigoureuse. Nous arrivâmes à nous frayer passage et, réunis à la Garde, au milieu de laquelle l'Empereur allait à pied nous arrivâmes tard dans la nuit à Ljady.

Pendant cette fuite rapide, je remarquai, tout près de Krasnoïe, un amas de bêtes de boucherie crevées depuis longtemps et que la neige n'arrivait pas à recouvrir entièrement : preuve nouvelle des dispositions prises pour le ravitaillement de l'armée, et que les circonstances avaient rendues inutiles.

Depuis Wiazma, je m'étais toujours efforcé de me joindre, soit au quartier général, soit à une troupe armée. Le 18, nous étions prêts bien avant le jour; cependant le départ des troupes traînait en longueur. Comme nous étions arrivés, quelques autres et moi, à l'extrémité de la ville, nous continuâmes notre route sans plus attendre. Le soir nous arrivions à Dubrowna sans fatigue, sans avoir rencontré personne, et sans avoir été inquiétés par les Cosaques. La ville ne renfermait que peu de militaires, mais les habitants, chrétiens et juifs, ne l'avaient pas abandonnée. Nous pûmes nous loger, et le lieutenant Weiss trouva vite moyen de préparer la soupe. Bientôt arrivèrent l'Empereur, la Garde, notre état-major, le reste de nos troupes, enfin tous ceux qui avaient pu se réfugier la veille à Ljady. J'indiquai à nos généraux une maison commode, à proximité de mon logement. La Garde campa en partie en dehors de la ville, qui, maintenant, fourmillait de fuyards.

Le temps s'était radouci; il dégelait, et, vers la nuit, il se mit à pleuvoir. Nous dormîmes mieux que nous ne l'avions fait depuis longtemps. Le 19, à la pointe du jour, nous nous remîmes en route. Il y avait du verglas, ce qui causa comme toujours quelques accidents. S'il arrivait qu'un malheureux tombé par terre et ne pouvant pas se relever eût encore des vêtements en bon état, ses camarades se jetaient sur lui, les lui arrachaient sans pitié, et l'abandonnaient tout nu sur la route. Des querelles et des rixes éclataient même au sujet des vêtements volés.

Napoléon fit faire halte sur la route plusieurs fois dans la journée, ce qui eut pour résultat de nous empêcher d'arriver à Orcha le soir. Comme il le faisait souvent depuis Wiazma, il marchait dans les rangs de sa Garde, et s'entretenait de temps en temps avec les officiers des troupes alliées. Il fit à l'un d'eux des compliments de son chien. Il causa plus longuement avec un autre, un officier de notre infanterie légère, le capitaine de Grimberg. Il lui demanda, entre autres choses, comment il faisait pour emmener une vache avec lui, dans les conditions difficiles où nous nous trouvions. (L'ordonnance tirait la vache avec une corde, et sa femme la poussait avec un bâton.) Le capitaine répondit : « J'y suis obligé par mon état de santé; mon estomac est si faible qu'il ne supporte que le lait bouilli. Si je manque de lait, je suis perdu ». Cet officier fut plus tard une des victimes de la retraite.

Beaucoup de soldats furent atteints d'ophtalmie. C'est un fait qui a été souvent rapporté. On voyait des hommes mener leurs camarades par un bâton, comme des mendiants. Les malades se frottaient les yeux avec de la neige; cela réussit à certains d'entre eux, mais beaucoup d'autres perdirent la vue, et subirent le sort cruel d'être abandonnés par leurs camarades. Cette ophtalmie avait pour principale cause la fumée des feux de bivouac, car, pour se réchauffer le mieux possible, on se mettait pendant la nuit la tête et les mains au-dessus du feu. D'autre part, les grandes étendues de neige que nous traversions depuis tant de jours avaient un effet très pernicieux sur la vue. Il faut joindre à ces deux causes l'état d'affaiblissement dans lequel nous nous trouvions.

Les chevaux eux-mêmes étaient atteints; beaucoup devinrent aveugles; les pauvres animaux partageaient notre sort. Déjà, au camp de la Tchernichnya et souvent depuis la retraite, ils arrivaient pendant la nuit auprès du feu que nous entourions, comme je viens de le dire. Ils tendaient leur tête et leur cou au-dessus de nous, et, tout en se chauffant, ils nous réchauffaient de leur haleine.

La nuit était très avancée quand nous nous

installâmes à gauche de la route, pour bivouaquer. C'est à peine s'il y avait du bois pour faire du feu. Le froid étant très rigoureux, j'allais à pied depuis longtemps ; mon cheval ne me servait plus qu'à porter mes provisions quand j'en avais. J'avais souvent de la peine à traîner derrière moi l'animal épuisé. J'avais plusieurs fois été tenté de le vendre comme viande de boucherie, mais un sentiment de reconnaissance pour les services qu'il m'avait rendus m'avait toujours retenu.

Cette nuit, auprès du feu, je convins avec le capitaine adjoint à l'état-major Lesuire qu'il prendrait mon cheval et me le paierait plus tard, quand la paix serait conclue, ou quand nous serions rentrés au pays.

Le 20 novembre, le temps s'étant beaucoup radouci, ma pelisse devint trop chaude, trop lourde. C'était un fardeau inutile à traîner, dans l'état de faiblesse où je me trouvais. Je la laissai sur la route et, couvert de haillons à demi brûlés, comme la plupart de ceux qui m'entouraient, enveloppé d'un manteau et d'une capote, une trousse à pansement en cuir sur une épaule et une cartouchière d'officier sur l'autre, je continuai mon chemin.

Il était midi quand nous atteignîmes Orcha.

La ville, tout ensoleillée, semblait nous accueillir amicalement. Nous franchîmes le Dniéper, déjà large à cet endroit, sur un bon pont de bateaux. Il y avait parmi les habitants beaucoup de Juifs avec lesquels nous pûmes nous entendre, car ils avaient des provisions et nous avions de l'argent.

Ce fut une occasion pour la Garde de dépenser les billets russes recueillis à Moscou. Personne de nous n'en connaissait la valeur. C'est plus tard seulement que je compris combien les soldats avaient été volés, à Orcha, sur le change de leurs billets.

On chercha aussi à se procurer du linge, mais bien peu d'entre nous y réussirent. La malpropreté était inouïe. Le général de Scheler, en découvrant de la vermine dans son linge, nous fit la remarque que, dans cette guerre, le général en chef était l'égal du tambour et du soldat du train.

Le besoin de sommeil nous avait fait perdre beaucoup de camarades. C'est chez les jeunes gens surtout, que ce besoin est le plus impérieux. Quelques-uns d'entre eux, profondément endormis, n'entendaient pas le départ. Ils restaient en arrière et étaient perdus. D'autres, à peine arrivés au bivouac, se mettaient à dormir, négligeaient de manger leur maigre pitance, et repartaient à jeun le lendemain matin.

Dans les guerres précédentes comme dans celle-ci, j'ai vu souvent de jeunes soldats dormir si profondément qu'ils n'entendaient pas le canon, même quand les obus tombaient dans le camp ou passaient au-dessus de leurs têtes. En pareil cas, le bâton du caporal était indispensable, car on était trop pressé pour réveiller doucement les dormeurs. Les vieux soldats ont généralement le sommeil plus léger, et dorment moins longuement.

Pendant notre halte à Orcha, le général de Scheler voulut me dédommager du vol de mon portefeuille. Il m'en donna un superbe, et me fit cadeau d'une montre de prix. Je le remerciai vivement, et l'assurai que le portefeuille me serait aussi précieux que celui que j'avais perdu, et que je le conserverais avec plus de soin. Quant à la montre, je demandai la permission d'en disposer à mon gré. Je la donnai à l'homme à qui incombait le soin de la subsistance de l'état-major de notre corps, et qui était en même temps l'économe du quartier général. Cet homme, — il s'appelait Basler, — fit de vrais miracles pendant la retraite, si pénible, de Wiazma à la Bérésina. Quand tous en étaient réduits à jeûner, il savait se procurer du pain. Il s'arrangeait pour en faire cuire pendant toute la nuit, même quand il n'y avait pas de four. Souvent, il trouvait de la viande comme par magie, et il distribuait de l'eau-de-vie en chemin, sans que personne pût deviner comment il se l'était procurée. Enfin, ce Basler avait bien mérité des généraux et des officiers, et il m'avait souvent régalé, ainsi que beaucoup d'autres. Avec cela, il était modeste, poli, complaisant. Il partageait volontiers et le faisait avec discrétion. Cet homme qui nous avait été si utile pendant cette guerre changea complètement de manière d'être l'année suivante, en Silésie et en Saxe. Il se sauva avec une somme qui lui avait été confiée, et fut arrêté en Bohême. Le conseil de guerre le condamna à être pendu, et il fut exécuté.

CHAPITRE IV

LA BÉRÉSINA
AU SERVICE DES RUSSES

Les Russes s'étaient avancés sur la rive gauche du Dniéper, tout près de la ville. Le pont fut détruit dès que le maréchal Ney nous eût rejoints. Nous nous remîmes en marche dans la nuit du 21 au 22 novembre, abandonnant les malades et toutes les choses qui ne nous étaient pas indispensables. Nous marchions aussi silencieusement que possible, pour échapper à la surveillance des Russes. Après quelques détours, nous rejoignîmes la grand'route et, au point du jour, nous fîmes halte dans le premier village que nous rencontrâmes. La garnison polonaise d'Orcha vint augmenter notre petit contingent armé, qui n'était plus guère composé que de la Garde et l'infanterie würtembergeoise, si réduite, eût l'agréable surprise d'être renforcée par toute une compagnie de grenadiers. C'était la compagnie du capitaine de Valois, qui, depuis le mois de juillet, était resté en arrière, sur la Dwina, je crois. Chassé de son poste par les Russes, il nous rejoignait avec tous ses hommes au complet et en parfait état. L'arrivée de cette compagnie nous réconforta et nous causa une joie indescriptible. Indescriptible aussi, l'impression que firent sur ces hommes notre misère et notre faiblesse. A la première halte, les drapeaux, heureusement conservés jusque-là, furent confiés aux plus forts parmi les grenadiers. Les uns préféraient les enrouler autour de leur corps, les autres, les plier dans leur sac. Comme au départ de Wiazma, le général en chef me recommanda de veiller sur ces hommes.

Un certain nombre de malades se tirèrent d'affaire malgré leur extrême faiblesse, et malgré la situation difficile et dangereuse dans laquelle nous nous trouvions. Mon collègue Scherer en est un exemple. Il avait des hémoptysies et perdait beaucoup de sang. Son état de faiblesse devint tel qu'on était obligé de le soutenir sous les bras. Il put tout de même regagner son pays, et ne mourut qu'en 1829.

Depuis plusieurs jours il dégelait, le froid était moins vif la nuit, et nous souffrions moins de la faim, car nous avions trouvé des vivres à Orcha et nous continuions à pouvoir en acheter. Juste à ce moment, les nouvelles les plus attristantes nous parvinrent. Nous apprîmes que l'armée russe s'était transportée de Minsk à Borizof, et s'était emparée de tous les magasins. Le général comte de Wittgenstein marchait sur la Bérésina, que nous devions franchir, et les Bavarois étaient en retraite comme nous.

Dans la journée, un officier appartenant au contingent d'un petit prince allemand vint demander conseil à nos généraux. Sur six canons, il n'en avait amené que deux jusqu'ici, et il ne pouvait plus les faire avancer parce que les chevaux étaient épuisés et les hommes réduits à un très petit nombre. On lui conseilla d'enclouer les canons, comme nous l'avions fait près de Wiazma, et de mettre les affûts ou les roues hors d'usage.

Nous continuâmes notre chemin. Les Cosaques nous laissaient tranquilles. On avait cessé depuis longtemps de brûler les villes et les propriétés. Mais ici, près de Bobr et jusqu'à Borizof, les villages furent saccagés. Une nuit suffisait à démolir les maisons pour alimenter les feux de bivouac. Nous étions loin de la lenteur avec laquelle nous avions détruit et brûlé le village de Teterinka, au camp de la Tchernichnya. Dès le matin, nous quittions ces lieux de désolation. Les habitants durent avoir de la peine à retrouver la place de leurs maisons et de leurs cours.

Entre Orcha et Bobr, au point d'intersection de notre route et de celle de Mohilew, un soldat westphalien était assis par terre ; il avait entre les mains un gros lingot d'argent en forme de rectangle, pesant de 15 à 20 livres et provenant probablement d'un ornement d'église. Il l'offrait en échange de pain. Mais personne ne se souciait de cet argent, et n'avait envie de s'en charger. Ceux qui passaient faisaient des réflexions et des plaisanteries qui devaient être cruelles pour ce malheureux. Il ne se trouva personne pour lui donner un peu de pain.

En approchant de Bobr, nous rencontrâmes des voitures chargées de riz et de biscuit qui arrivaient de Carlsruhe pour les troupes badoises. Je ne sais par suite de quelle heureuse circonstance, nous fûmes admis à partager ces provisions.

Les nouvelles que nous recevions étaient de plus en plus mauvaises. Nous atteignîmes Bobr le 24 dans l'après-midi. La ville était remplie en grande partie de fuyards revenant de la Bérésina et de voitures de bagages.

Bobr n'eût pas à souffrir du feu, au moins tant que j'y restai. Je n'en dirai pas autant du village de Nemoniza, où nous passâmes la nuit du 25. Quel que fût mon état de faiblesse, je dus aider à transporter des poutres, pour ne pas être gelé. Des Suisses, des Hollandais et d'autres alliés qui nous avaient rejoints, venant de Minsk ou des bords de la Dwina, nous rendirent visite pendant la nuit, autour des feux de bivouac. Ils cherchaient un peu de réconfort auprès de nous, tandis que nous espérions d'eux un adoucissement à notre triste situation. Ils nous quittèrent plus découragés qu'ils n'étaient venus. La nuit se passa dans l'anxiété du sort qui nous attendait sur les bords de la Bérésina, entourés comme nous l'étions par trois armées russes.

Nous nous remîmes en marche dans la nuit du 25 au 26 novembre. J'allais en compagnie d'un courrier et de quelques officiers. La route que nous suivions était rendue glissante par la gelée et le passage de beaucoup de convois et de piétons. Nous arrivâmes en vue de Borizof d'un pas alerte, à la lueur des étoiles.

L'abandon de mon cheval à Orcha m'avait obligé de m'assurer les services d'un soldat qui voulût bien porter mes provisions de bouche, plus ou moins hypothétiques. Dans cette même nuit, un canonnier m'offrit de me vendre un petit cheval. Je le pris pour un ducat. Mon domestique fut chargé de le conduire. Lorsqu'il fit jour, Basler me dit que le cheval lui avait été volé pendant la nuit.

Tout près de Borizof, un petit pont traverse un ruisseau. Il y avait là un embarras de voitures, de cavaliers, de chevaux tenus en main et de piétons. Quelqu'un des nôtres déroba un sac sur le dos d'un cheval, et le tendit à mon ordonnance. Le rassemblement s'écoula, le jour vint et nous pénétrâmes dans la ville déjà à moitié détruite. Le sac contenait un jambon fumé, un peu de pain, des oignons et des pommes de terre. Nous fîmes du feu. Le repas fut préparé et mangé.

Comme nous errions dans Borizof, à la recherche de Juifs qui pourraient nous vendre quelque chose, ou en quête de nouvelles des Russes, nous assistâmes à la scène suivante.

Un grenadier allemand, qui ne connaissait pas mieux que nous la valeur des billets russes, et dont le portefeuille en était bourré, les offrit à un Juif, en échange de quatre bouteilles d'eau-de-vie et de quatre pains. Le Juif resta parfaitement calme et répondit qu'il ne donnerait que trois bouteilles de schnaps et trois pains. Le soldat consentit. Le Juif alors spécifia que les bouteilles n'étaient pas comprises dans le marché. Le soldat lui ayant fait observer que, sans bouteilles, il ne pouvait rien faire de son eau-de-vie, il finit par céder. Plus tard, quand je connus la valeur du papier russe, je me rendis compte que le Juif avait empoché de 3 à 4.000 roubles. Pendant mon séjour à Borizof, dans l'été de 1813, je lui rappelai et lui reprochai ce marché. « Ah ! oui, monsieur, me répondit-il, c'était un bon moment pour faire des affaires ! »

En quittant cette ville, nous traversâmes, par groupes dispersés, de grandes étendues de neige en amont de la Bérésina. Les batteries russes se dressaient en face, sur la rive droite du fleuve.

Nous arrivâmes à la lisière d'un bois, où devait se faire le rassemblement : mais notre marche ne fut pas arrêtée. Nous savions que Napoléon nous précédait avec la Garde. Il avait passé la nuit du 25 au 26 dans la propriété de Staroï-Borizof, que nous atteignîmes bientôt. Puis, nous pénétrâmes dans d'autres bois, où nous fîmes halte pendant deux heures environ. Assis sur la neige, nous pensions au pays et nous en parlions entre nous, tout en écoutant les coups de feu échangés aux avant-postes et les bruits de marteau et de hache, provenant de la construction du pont sur lequel nous devions traverser la Bérésina.

Nous nous remîmes en marche à la tombée de la nuit, et nous retrouvâmes l'Empereur et la garde à Studzianka.

Je m'installai dans une grange, située à l'extrémité du village, et qui abritait notre quartier général ainsi que plusieurs officiers. Ce qui restait de notre grosse infanterie, c'est-à-dire cent hommes à peine, bivouaqua à environ quarante pas de là, dans un petit bois sur une colline couverte de neige. Ceux qui avaient des provisions mangèrent, et on causa longuement. A côté de nous se trouvait un artiste strasbourgeois venu jusqu'ici de Moscou, avec sa famille et sa voiture. Il nous dit qu'à son arrivée dans le village, les Russes occupaient l'autre côté du fleuve et avaient dirigé leur feu par ici, puis étaient repartis. C'était le feu de tirailleurs que nous avions entendu dans l'après-midi.

Malgré l'angoisse que nous causait l'avenir, nous avions fini, deux officiers et moi, par nous endormir dans une pièce voisine. Nous n'avions pris aucun repos depuis le milieu de la nuit précédente, et nous ne savions pas qu'on dût partir de bonne heure. Quand nous nous réveillâmes à la pointe du jour, le 27 novembre, quel fut notre effroi en ne retrouvant plus aucun de ceux avec lesquels nous étions arrivés la veille au soir! L'artiste strasbourgeois lui-même avait disparu.

On nous apprit que tous étaient partis à deux heures du matin, pour traverser le fleuve. La présence de l'Empereur, de la Garde, et de beaucoup d'hommes appartenant à notre corps nous rassura tout d'abord. Nous fîmes bientôt une première tentative pour traverser, mais nous ne pûmes approcher du pont, à cause de la masse de canons et de troupes qui occupaient toute la place, attendant leur tour. Deuxième tentative vers midi. Nous nous heurtâmes aux mêmes obstacles, et on nous dit que les hommes armés et les combattants devaient passer les premiers. Nouvelles tentatives dans l'après-midi et le soir, mais l'encombrement avait encore augmenté. Enfin, le bruit se répandit que le pont allait être réparé, et que personne ne devait plus passer.

Toute la journée, on vit arriver des troupes, de l'artillerie, des bagages. Nous entendions gronder tout autour de nous le bruit du canon. Les arrivants se hâtaient vers le pont, mais faisaient, comme nous, de vaines tentatives pour traverser. On disait que Napoléon lui-même se tenait auprès du pont, et qu'on ne laissait passer que ceux qui portaient des armes et pouvaient encore servir. Il avait ordonné de brûler les fourgons et les voitures. Le soir, on prétendit que, depuis que l'Empereur avait passé le pont, le désordre régnait de ce côté-ci, qu'il était impossible d'approcher du pont, et qu'on ne pouvait plus le traverser sans danger, car il menaçait à chaque instant de s'effondrer.

J'avais par cinq fois essayé inutilement de me frayer un passage. Refoulé de tous côtés, non seulement je n'avais jamais pu atteindre le pont, mais, même, je n'avais jamais pu le voir. Je suis encore émerveillé d'avoir pu échapper aux dangers qui me menaçaient.

Un officier d'état-major de notre armée m'affirma que Napoléon manœuvrait si habilement, sur l'autre rive, que nous pourrions traverser le fleuve sans encombre, qu'on avait reçu des troupes fraîches de Minsk et de Vilna, et que Tchichakof se retirait déjà. Réconforté par ces paroles, et plein d'espoir dans l'étoile de l'Empereur, je m'installai pour la nuit dans une calèche qui appartenait au général von Hügel, et m'y endormis. Cette calèche était confiée à un cavalier de Stuttgart, nommé Schleicher, qui était devenu presque aveugle. Il attendait son tour de passer.

Le 28, l'agitation continue dans tout le village de Studzianka et autour du pont. Nos tentatives de passage eurent le même insuccès. J'étais occupé, avec deux officiers d'intendance français, à préparer du café dans une grange, les grains étaient déjà grillés, et nous les écrasions entre des pierres, quand on annonça que les Russes approchaient. Les deux officiers restèrent tranquillement à leur place avec leur suite et leurs beaux équipages, absolument comme s'ils partageaient l'opinion optimiste que je viens de rapporter. L'un d'eux avait avec lui une femme de Hambourg, qui, à notre grand étonnement, n'avait rien perdu de son insolence. Elle demandait impérieusement du pain aux ordonnances et, quand on lui apportait un petit morceau de pain noir, elle se mettait en colère, jurait comme un charretier, et réclamait du pain blanc. Nous étions aussi interdits de son exigence que de sa grossièreté, car nous étions habitués à considérer depuis longtemps le pain noir comme une chose rare, et à en faire le plus grand cas.

Pendant que cette personne se donnait ainsi en spectacle, et que nous attendions que l'eau de notre café fût chaude, un cri s'éleva : « Les Cosaques ! les Cosaques ! » En même temps retentissaient des coups de feu et les mots « koli, koli », que j'avais déjà entendus le 4 octobre. Je rassemblai en hâte ma poudre de café. Les uns s'enfuirent hors de la grange, les autres se précipitèrent à l'intérieur. Ce fut le signal d'une inexprimable confusion. Les obus passaient en sifflant au-dessus de nous, et tombaient dans l'énorme tas de chariots accumulés devant notre grange.

Cela devenait sérieux, il était temps de quitter notre abri. Dehors, tout le monde se précipitait sur le pont. Il est impossible de décrire le désordre de la foule, les cris, la bousculade, et la brutalité avec laquelle les fuyards se repoussaient les uns les autres pour passer les premiers. Voitures de bagages, canons, équipages, fourgons, chariots se pressaient tellement que leurs essieus et les rayons de leurs roues craquaient. Les fantassins essayaient de se frayer un passage à coups de crosse de fusil, les cavaliers à coups de sabre, et les voituriers à coups de fouet, avec force jurons proférés dans toutes les langues de l'Europe. Au milieu de tout cela retentissaient les cris de détresse des femmes et des enfants. Dans cette incroyable cohue, je fus séparé de mes compagnons. Je me vis entouré d'étrangers qui, l'air découragé, cherchaient une issue sous le feu des canons russes.

Je montai sur une voiture, et pus me rendre compte du danger de notre situation. Il y avait à Studzianka et autour du village, réduit à quelques maisons, une accumulation d'un millier de chariots dans le plus grand désordre et, autour d'eux, plusieurs milliers d'hommes se ruant vers le fleuve. La rive gauche de la Bérésina en était garnie, et, sur l'autre rive, il y avait les Cosaques. A notre gauche et derrière nous, les lignes des troupes russes à pied et à cheval, avec de l'artillerie, rendaient notre position de plus en plus intenable. A notre droite, en amont du fleuve, le pays semblait libre, et je vis plusieurs des nôtres s'en aller de ce côté. Je dis à ceux qui m'entouraient : « Voilà un chemin par lequel on peut encore s'échapper ! » Depuis notre arrivée à Studzianka, le bruit s'était répandu qu'on avait construit deux ponts, l'un dans cet endroit pour nous, l'autre un peu plus haut pour les Bavarois. On disait aussi qu'il y avait deux ponts en avant de nous.

Je n'avais encore jamais pu m'approcher assez du bord pour m'en assurer. Même du haut de ma voiture, je ne pouvais apercevoir le pont, tant l'encombrement de voitures et d'hommes était considérable. Dans l'été de 1813, je constatai qu'à cet endroit le fleuve était extrêmement étroit.

Un boulet vint tomber dans les roues des voitures voisines de la mienne, blessant une femme. Je descendis rapidement de mon poste d'observation, et, suivi d'une foule d'autres, je m'éloignai dans la direction où j'espérais trouver le salut. Beaucoup revenaient en sens contraire, affirmant qu'il n'y avait pas de pont. Le manque de chemin aurait suffi à nous le prouver, mais pour en arriver à cette conviction nous avions déjà parcouru une verste dans la direction du village de Weselowo. Nous rencontrâmes un soldat, qui nous proposa de nous vendre de la farine mouillée et agglomérée. En revenant, j'aperçus, dans un bois, du feu et des soldats armés. Je me dirigeai vers eux, suivi de quelques autres, avec l'intention de me chauffer, de me reposer, et de refaire de nouveaux plans. C'étaient des grenadiers polonais, qui gardaient quelques morceaux de viande de boucherie avariée. Ils confirmèrent le fait qu'il n'y avait pas de pont en amont du fleuve.

Après avoir pris un peu de repos, nous nous décidâmes à retourner au village, quel que fût le sort qui nous y attendît. Au sortir du bois, nous tombâmes sur un troupeau de soldats de toutes armes, refoulés par un essaim de Cosaques. Je prenais ma gauche pour rentrer sous bois lorsque je fus saisi au col de mon manteau par un Cosaque : « *Tu officier ?* — Oui ! » Quelle que fût ma frayeur, j'éprouvai un vrai soulagement à ne pas sentir immédiatement le fer de sa pique pénétrer dans mon corps. Moi qui croyais en être arrivé à envisager courageusement et de sang-froid tous les malheurs qui nous menaçaient, je me sentis très humble, comme il arrive souvent aux prisonniers.

Le Cosaque, un jeune homme imberbe de vingt-quatre ans environ, était marqué de la petite vérole, mais il n'était ni laid, ni désagréable de figure. Il m'emmena à l'écart, et me fit comprendre que je devais vider mes poches, et partager avec lui ce que je possédais. Il me fallut un certain temps pour atteindre mon gousset sous mon manteau et ma capote; enfin j'en tirai un papier contenant 14 ducats, que je lui remis. Il les considéra avec plaisir, les empocha, planta sa pique en terre, et me fit comprendre en mettant ses deux poings à son oreille droite et en faisant claquer sa langue, qu'il désirait savoir si j'avais une montre. Je secouai la tête. Sans témoigner de colère, il prit le fusil qui pendait à son épaule, releva le chien, et me mit en joue. Cette fois, le courage et le sang-froid m'abandonnèrent complètement, je tombai à genoux et, tout tremblant, je m'écriai involontairement: «Pardon!»—Je ne sais pas s'il comprit: toujours est-il qu'il ne tira pas. Il désarma son fusil et je me relevai. Il fouilla lui-même à l'endroit où il m'avait vu prendre les ducats, trouva ma montre de Leipzig, et l'approcha immédiatement de son oreille. Malgré la joie que lui causait sa prise, il continuait à me regarder d'un air menaçant.

Non content des ducats et de la montre, il me fouilla de nouveau et trouva ma décoration, enveloppée dans du papier. Je ne l'avais pas encore portée, parce que chez nous on la met sur l'uniforme et non sur la capote. A cette vue, il fut enchanté et parut me considérer avec plus de bienveillance. Il prit dans ma cartouchière les thalers que je conservais depuis la bataille de Borodino, avec les roubles d'argent que m'avaient donnés les Polonais à Ljasna, et s'empara enfin de ma trousse. Je suppliai en vain qu'il me rendît cette dernière. Il ne me laissa que ma pipe, des ciseaux, quelques objets de pansement, et la poudre de café dont j'ai parlé plus haut.

Le Cosaque portait déjà sur sa poitrine une croix de la Légion d'honneur. Il y joignit immédiatement ma décoration. Puis il me ramena en arrière sans me faire le moindre mal. Un engagement sérieux avait lieu à notre droite, et je me rendis bientôt compte que je me trouvais derrière la ligne de bataille des Russes. On rassembla les prisonniers, et je reconnus parmi eux un jeune officier de notre régiment d'infanterie würtembergeoise. Je lui fis signe, il me rejoignit, je le pris par le bras, et depuis nous ne nous quittâmes plus. Il avait été plus maltraité que moi ; on lui avait laissé son uniforme, ses bottes, et son pantalon, mais on lui avait pris son chapeau, son manteau, et tout ce qu'il avait sur lui. Il me dit qu'il s'appelait Schaefer, et était fils d'un pasteur. Je lui racontai à mon tour mon histoire pendant qu'on nous réunissait à un groupe d'autres prisonniers. Mon jeune Cosaque rejoignit son détachement et nous fûmes confiés à d'autres, pour le transport.

On nous fit avancer derrière le front de bataille des Russes. La canonnade était violente à notre droite. Le chemin que nous suivions traversait un bois. Nous avions l'impression de nous éloigner du champ de bataille. Schaefer songeait à se donner la mort. Il me proposa d'acheter de l'eau-de-vie, d'en boire de façon à nous endormir, et puis de nous coucher dans la neige pour ne plus nous réveiller. Je trouvais son projet bon, mais je lui répondis qu'aucun de nous n'ayant d'argent, ni de moyen quelconque de se procurer de l'eau-de-vie, il faudrait essayer de la remplacer par de l'eau ; que, dans notre état d'épuisement, et le froid ayant augmenté d'intensité, cela nous produirait le même effet.

Nous rencontrions beaucoup de troupes russes appartenant surtout à la Landwehr, en capotes grises et chapeaux ronds ornés en avant d'une croix jaune. Les soldats avaient des fusils et des buffleteries noires. Les officiers portaient un uniforme vert et rouge, avec des casquettes de même couleur. Nous admirions l'ordre tout militaire, en colonnes fermées, avec lequel marchaient ces soldats à la mine de paysans. Beaucoup de Français, surtout des officiers, voulurent se plaindre aux officiers russes de ce qu'on les avait dépouillés, mais les officiers interpellés continuèrent leur marche, et les Cosaques firent rentrer dans le rang à coups de knout ceux qui en étaient sortis.

Schaefer et moi, toujours nous tenant par le bras, nous continuâmes notre chemin sans qu'on nous fît aucun mal. On commanda : « Les officiers en avant ! » Nous obéîmes sur-le-champ et ne bougeâmes plus de la place qui nous était assignée. Mais les Français mécontents s'attirèrent de nouveaux coups; quelques femmes pleuraient et se lamentaient. Soit à cause de notre obéissance et de notre esprit de discipline, soit pour un motif qu'expliqueront les événements ultérieurs, un vieux Cosaque vint m'offrir de monter un cheval qu'il avait pris à l'ennemi. Je l'enfourchai et le Cosaque le mena par la bride. La même bonne fortune échut à Schaefer.

Cependant, mon Cosaque, qui avait un aspect bien militaire malgré ses cheveux gris et sa barbe grise, voulut lier conversation avec moi. A tout ce qu'il me disait, je répondais oui ou non en allemand, et j'accompagnais ce mot d'un geste d'approbation ou de négation. Je crois avoir compris le sens de quelques-unes des paroles qu'il m'adressa, par exemple : « N'est-ce pas que les Cosaques sont de braves gens ? » Il me tendit sa gourde d'eau-de-vie. Il m'avait déjà donné du pain, et, plus tard, il me donna encore du sucre. Une telle générosité avait sa raison d'être. Il pensait que j'avais de l'argent dans ma cravate de soie noire. Il la palpa par deux fois à mon cou, et finit par se l'approprier. Il échangea aussi son manteau grossier contre le mien, qui était plus fin. Mes bottes de velours lui faisaient également grande envie, et il me faisait comprendre qu'il me donnerait les siennes en échange : mais les choses en restèrent là.

Cependant nous étions arrivés à un village où se trouvaient déjà beaucoup de prisonniers. Des troupes russes étaient en lignes. La canonnade et la fusillade continuaient à notre droite.

Il y avait là un officier russe à cheval, qui me sembla être d'origine allemande. Je lui demandai où ce chemin nous conduisait. — « A Borizof ! » Après un échange de demandes et de réponses, il me dit : « Cette guerre se finira probablement aujourd'hui. Nous allons prendre l'oiseau avec le nid. »

Le froid augmentait; il neigeait. Bientôt la neige tomba en tourbillons, puis la nuit arriva. Schaefer avait si froid, sans chapeau, sans gants et sans manteau, qu'il mit pied à terre. Il préférait marcher. Notre détachement de Cosaques se réduisit peu à peu. Mon vieux Cosaque s'en alla à son tour et je dus recommencer à marcher.

Nous avions traversé des bois où brûlaient encore, par-ci par-là, des feux abandonnés. Le chemin n'était pas frayé, il faisait un froid atroce et il soufflait un vent violent. La neige s'épaississait. Affaibli et affamé comme je l'étais, — car je n'avais mangé, de toute la journée, que ce que m'avait offert le second Cosaque, — soucieux de l'avenir et manquant d'argent, je me sentis complètement démoralisé, et je crus que j'allais mourir.

Nous voyions dans le lointain un énorme incendie, sur une hauteur. Nous pensâmes que c'était Borizof qui brûlait. Il était tard dans la nuit quand nous y arrivâmes. Le but de la journée était atteint et nous allions pouvoir nous reposer, mais nous nous demandions quel sort nous était réservé.

On nous promena longtemps à travers les rues, jusqu'à ce que les Cosaques eussent trouvé l'homme qui devait prendre le commandement. Enfin, on fit halte devant une petite maison. L'un de nos guides y pénétra, un autre resta devant la porte en sentinelle et les autres entourèrent le groupe des prisonniers, qui pouvait bien compter de trois à quatre cents hommes. Quelques officiers français voulaient entrer dans la maison, mais on les fit rentrer dans le rang à coups de knout.

Au bout d'une heure d'attente, on nous dirigea vers une rangée de maisons qui brûlaient. Le bruit courut immédiatement que nous allions être précipités dans les flammes. Aussitôt, les cris, les lamentations, les larmes, les supplications de se faire entendre. Les femmes se distinguaient par leur véhémence. « Si nous devons mourir par le feu, que la volonté de Dieu soit faite ! » me dis-je, unissant mon sort à celui de mes compagnons. Mais nous nous étions trompés ; bien loin de vouloir nous brûler, on voulait même nous empêcher de mourir de froid en nous réunissant autour des maisons en flammes.

Nous fûmes gardés par de l'infanterie du régiment de Tobolsk. Nous étions complètement épuisés, et nous grelottions de peur et de froid. Nous nous couchâmes sur la terre séchée par le feu. D'abord, nos gardiens nous empêchèrent de dormir, en voulant s'approprier ce que les Cosaques nous avaient laissé. Ceux à qui il restait des sacs étaient obligés de les donner, faute de quoi ils étaient grossièrement injuriés. Je remarquai que, souvent, ces sacs étaient rendus à leur propriétaire après un examen rapide. L'un des cosaques vint à moi. « *Tu Capitan ?* » — Oui, répondis-je. J'aurais répondu non, que cela ne m'aurait pas préservé davantage. Cette fois, je fus dépouillé de tout ce que les Cosaques m'avaient laissé, mais, je dois le dire, sans qu'ils usassent de brutalité.

La perte de ma pipe me causa autant de peine que m'en avait causée celle de ma trousse. Je l'avais achetée à Vienne, après la bataille de Wagram. Elle était décorée d'une image représentant Emma de Falkenstein, au moment où elle verse de l'huile sur les plaies de son chevalier réfugié dans le cloître, et où ils se reconnaissent à leurs anneaux.

Séparé de tous ceux que j'aimais et à qui j'appartenais; dépouillé de tout ce qui pouvait m'être utile, seul au milieu de milliers d'inconnus, je me sentais comme eux pauvre, misérable, et profondément malheureux. Le silence était profond autour de nous et, pour la première fois de ma vie, j'entendis des soldats qui priaient. L'espace était si petit que nous étions couchés les uns sur les autres, dans une confusion inexprimable ; Un Polonais était étendu sur mes jambes, j'avais un Italien à ma droite, un Espagnol ou un Portugais à ma gauche, et ma tête reposait sur un Français. On gémissait, et on priait dans toutes les langues ; les catholiques de tous les pays disaient l'*Ave Maria*. Certains passages des cantiques de Gellert me revenaient à la mémoire et m'apportaient quelque consolation. Je m'endormis enfin.

Je me réveillai au bout de deux heures environ. Malgré le grand nombre des prisonniers et la faible surveillance exercée sur eux, tous dormaient paisiblement. Je pris la résolution de me lever et de me mettre à la recherche de mes compatriotes. Je visitai longuement, et sans en être empêché, les places où étaient accumulés les dormeurs. Enfin, je finis par trouver, auprès d'un petit feu, quatre chasseurs du régiment würtembergeois. L'un des quatre était un maréchal des logis chef. Je me joignis à eux. Justement ils discutaient la possibilité d'une évasion, et ils avaient bon espoir, parce que l'un d'eux comprenait un peu de polonais et qu'un autre possédait encore quelques ducats. Ils croyaient qu'il y avait un second pont en amont de la Bérésina, destiné au passage des Bavarois. Quant je leur eus dit qu'il n'y en avait pas, et que c'était cette erreur qui m'avait fait prendre, ils abandonnèrent leur plan, et se mirent à préparer leur dîner. J'avais encore de la poudre de café, et un autre avait quelques petites pommes de terre.

Minuit était passé depuis longtemps; nous étions assis autour du feu, perdus dans nos méditations, quand un Allemand vint à nous. C'était un officier d'administration de l'armée russe. La curiosité devait seule l'avoir poussé à cette ronde nocturne. Comme il ne nous trouva pas disposés à parler des événements de la guerre, il nous demanda qui nous étions et d'où nous venions. Quand il apprit que j'étais médecin : « Oh, me dit-il, il y a à faire pour les médecins, par le temps qui court. Notre général en prend, et, par ordre exprès, il n'en prend que d'Allemands ». Ces mots ne firent d'abord aucune impression sur moi. L'homme nous quitta. Au bout d'un certain temps de réflexion, le petit groupe qui m'entourait appela mon attention sur l'invite qui m'avait été faite. Le maréchal des logis fut particulièrement pressant. Il pensait rester à mon service, et être sauvé par ce procédé.

La nuit était passée. Dans ce matin froid et trouble du 29 novembre, on voyait s'agiter sur les places et dans les ruines de Borizof une multitude humaine incroyablement mélangée : Russes, Cosaques, prisonniers de toute sorte, femmes, juifs, etc. Je quittai mes compagnons après leur avoir promis de revenir. Je voulais essayer de sauver ma vie. Je rencontrai tout de suite l'homme qui était venu me trouver dans la nuit. Je l'abordai et lui dis : « Je suis résolu à servir dans les hôpitaux, comme médecin, pendant ma captivité ; à qui dois-je m'adresser. » Il me conduisit à un officier de grand'garde qui parlait allemand, et celui-ci fit appeler un sous-officier qui comprenait également l'allemand. Il lui donna l'ordre de me conduire au général.

Je fus introduit dans une chambre chaude, la première où je pénétrais depuis Bobr, et je me trouvai en présence d'un général russe entouré d'officiers revêtus d'uniformes variés. Ma misère parut exciter la compassion. « Qui êtes-vous ? » me dit-il en allemand. — « Je suis médecin-major, j'ai été fait prisonnier hier matin, et je désire servir comme médecin dans un hôpital pendant ma captivité. J'ai entendu dire, cette nuit, que les Russes prenaient des médecins allemands. — De quel pays êtes-vous ? » — Quand je lui parlai de Stuttgart, il parut réfléchir et me posa des questions concernant un comte de Wittgenstein, qui habitait cette ville.

Comme je pus y répondre, il devint aimable et bienveillant.

Notre conversation fut interrompue par l'arrivée d'officiers français prisonniers. Ces malheureux avaient un aspect de misère effroyable. L'un d'eux avait sur lui une couverture de cheval. A la question du général : « Qui êtes-vous ? » il répondit : « Je suis chef d'escadron d'un régiment de chasseurs ». A ce moment, un médecin français entra. Il était encore plus lamentable que nous tous. Il était maigre et noir comme le cadavre d'un nègre. Ses vêtements étaient brûlés et en lambeaux. Il tenait dans ses mains tremblantes une mixture d'avoine, de foin et de terre. « Depuis cinq jours, voilà mon aliment ! Je suis prisonnier et malade, vous voyez ma misère »...

Le général, ému par tant de malheur, envoya chercher du pain. Une ordonnance revint avec un pain de 12 à 15 livres, qui fut partagé entre nous.

Je demandai à un officier qui se tenait près de la cheminée, et fumait une longue pipe, quel était ce général. « C'est le comte de Wittgenstein ! » me répondit-il. J'aurais dû m'en douter à ses questions sur Stuttgart, mais la faculté de raisonner était complètement affaiblie chez la plupart d'entre nous. Je continuai à me faufiler dans la chambre. Je trouvai une porte vitrée qui s'ouvrit presque d'elle-même, et je pénétrai dans une pièce où des officiers dormaient sur du foin. Je me mis dans un coin, je mangeai mon pain, et m'endormis.

Je dus dormir longtemps, car, lorsque je m'éveillai, tout était changé autour de moi. Les officiers étaient partis, et le foin sur lequel ils avaient couché avait été enlevé. J'étais seul dans mon coin, le reste de mon pain sur les genoux. La maison était silencieuse. Je me levai, j'allai à la porte vitrée et je vis le comte de Wittgenstein seul dans la pièce, assis à une table et écrivant, le dos tourné. Je voulais me glisser dehors, mais il m'aperçut, se leva et me dit : « Je vous conseille de vous mettre à la recherche du médecin principal de mon armée! » Il me décrivit sa taille et tout ce qui pouvait le faire reconnaître — « Il porte sur le dos une trousse en cuir brun avec laquelle il va de maison en maison pour panser les blessés, opérer, s'il y a lieu, etc. Dites-lui ce que vous désirez et ajoutez que c'est moi qui vous envoie! »

Je m'inclinai et je sortis. La place était moins animée maintenant. Je cherchai mes compagnons de la nuit, avec lesquels je voulais partager mon pain, mais je ne les trouvai pas. La plupart des prisonniers avaient été emmenés. A peine avais-je fait quelque pas, je vis l'homme que le général m'avait décrit entrer dans une maison. Il était suivi d'un autre homme, qui portrait la trousse de cuir sur son dos. Je marchai aussi vite que mon état me le permettait, et pénétrai dans la maison. Une servante, qui était près du feu dans la cuisine, eut peur à mon aspect et se sauva en criant : « Jesus Christus ! » Aussitôt, comme une délicieuse apparition, survint une femme jeune, éblouissante, toute en blanc, comme je n'en avais pas vu depuis que j'avais traversé Polozk et Moscou « Que voulez-vous ? » me dit-elle avec un accent de compassion. « Je suis envoyé par le comte de Wittgenstein », commençai-je. A ces mots, elle disparut à son tour et revint avec son mari. Après quelques questions : Pourquoi j'étais venu, qui j'étais, comment j'avais été fait prisonnier, il se tourna vers sa femme en lui disant de me faire donner quelque chose de chaud. C'était le docteur Witt, médecin de l'état-major général de l'armée du comte de Wittgenstein. On m'apporta du thé, que je bus avec avidité. Mes mains tremblaient tellement que j'avais de la peine à porter la tasse à ma bouche. Le docteur Witt me raconta que, l'avant-veille, on avait fait prisonnier tout un transport de malades et de blessés würtembergeois, avec quatre médecins. Ils se trouvaient dans un village, à 10 verstes de là.

Il était midi. Un déjeuner servi comme en temps de paix, sur une table avec une nappe, et préparé de la façon la plus appétissante, acheva de me réconforter. Le médecin russe Winzmann, originaire de la Hesse, était le quatrième convive. C'était lui que j'avais vu le matin, porter la trousse de cuir. Il avait été fait prisonnier au mois de juillet à Witebsk par les Français, avait dû faire du service chez eux, et venait d'être repris par les Russes à la Bérézina. Après déjeuner, plusieurs médecins russes, plusieurs officiers d'état-major du général de Wittgenstein et des officiers de la garde impériale vinrent chez le docteur Witt. Ils me questionnèrent sur notre retraite.

Puis je sortis. J'errai dans les rues et sur les places de Borizof, espérant rencontrer des compatriotes, mais je n'en trouvai aucun. Par contre, je rencontrai beaucoup de dragons saxons et de fantassins français. Ils appartenaient à la division Partouneaux, qui s'était rendue la veille dans la nuit, et était arrivée dans la matinée à Borizof. On avait laissé aux prisonniers leurs bagages et leurs sacs.

Je retournai auprès du docteur Witt. Il prit en pitié mon état de faiblesse. Sa femme et lui m'entourèrent de tant de soins, et y mirent une si grande patience, que la respectueuse reconnaissance que je leur ai vouée ne s'éteindra jamais.

Je passai une excellente nuit sur du foin, dans une chambre chaude. Le lendemain 30 novembre, j'entendis nommer, comme étant à Borizof, plusieurs des officiers supérieurs russes dont j'avais appris les noms pendant la guerre. On disait qu'en deux jours 30.000 hommes avaient été faits prisonniers.

Dans la journée, on amena plusieurs médecins appartenant à l'armée française, qui offrirent comme moi leurs services sous condition, pour la durée de leur captivité. Le docteur Witt n'en prit qu'un : M. Ducroix, originaire de Königsberg.

Mon bienfaiteur nous désigna l'un et l'autre pour le village de Schützkof, situé à 10 verstes de Borizof, sur la route de Polowsk, où l'on avait déposé 3.000 hommes malades ou blessés russes et prisonniers, et où il n'y avait qu'un seul médecin russe.

Le 1er décembre, il prit toutes les dispositions relatives aux malades et aux blessés, à leur transport, et à l'endroit où on devait les envoyer.

Le 2, il partit. Il me remit un ordre écrit par lequel le médecin qui était à Schützkof devait suivre son corps, et Ducroix m'était adjoint.

L'armée russe s'était remise en marche. Je restai dans le logement du docteur Witt, en attendant qu'on me signifiât mon départ. Comme au bout de trois jours rien n'était encore venu, et que je désirais me rendre utile, j'allai avec Ducroix trouver le commandant de place. Dans la même maison où j'avais eu avec le comte de Wittgenstein l'entretien que j'ai rapporté, je trouvai deux officiers d'état-major auxquels j'expliquai, en allemand, quel emploi j'avais obtenu et que je désirais rejoindre mon poste. « Est-ce que, vous autres Allemands, vous êtes tous aussi zélés ? » me demanda-t-il. Il me posa quelques questions sur la retraite, sur les relations qui existaient entre les Allemands et les autres alliés, surtout les Français. Avec l'expérience que j'avais acquise depuis longtemps, je lui répondis : « Les soldats d'un grand souverain s'arrogent toujours des prérogatives. Autrefois, au temps de l'Empire, lorsque nous combattions avec les Autrichiens, ils nous disaient : « Laissez-nous passer, nous servons le grand Empereur ! » Depuis que nous sommes alliés aux Français, nos droits ont beau être les mêmes que les leurs, on nous répond : « La grande nation a toujours la préférence ! » Un des deux officiers reprit : « Il en va de même partout, parmi les hommes. » Ils nous congédièrent avec l'assurance que nous partirions le lendemain.

Nous ne quittâmes Borizof que le 7 décembre, par un froid terrible. En chemin nous rencontrâmes des quantités de soldats isolés, appartenant à l'armée russe. Beaucoup de cadavres des nôtres étaient dispersés sur le sol. A Schützkof, nous trouvâmes le docteur W..., que notre arrivée, et plus encore l'ordre de suivre les troupes, réjouit infiniment (il appartenait à la Landwehr de Saint-Pétersbourg). Il nous accueillit bien et nous traita de son mieux. Nous encombrions son logement déjà rempli. Je trouvai auprès de lui les quatre médecins würtembergeois dont le docteur Witt nous avait parlé. Le médecin russe fit ses préparatifs de départ. Il me confia un grand nombre de malades, me les recommanda, et, après avoir vertement secoué son domestique pour n'avoir pas salé le rôti de veau préparé pour la marche, il se mit en route.

L'officier qui commandait les troupes, dans le village, m'emmena dans une chambre toute remplie de peaux de moutons, pour que j'en choisisse une à ma convenance. Puis il donna à chacun de nous un soldat parlant allemand, pour nous servir d'interprète. J'en eus même deux, des plus adroits : Ivan Krinsky, fils d'un boucher de Riga et Wrede, fils d'un jardinier de Saint-Pétersbourg. Ils nous accompagnaient auprès des malades, nous éclairaient pendant les pansements, traduisaient ce que nous disions, et, à la maison, ils remplissaient l'office de cuisiniers et de domestiques.

Bientôt les occupations ne manquèrent pas. De tous côtés, des officiers blessés, recommandés par M. W.., pour la plupart, m'envoyaient chercher. Je les trouvais dans de mauvais logements comme le sont là-bas les maisons de paysans. Les soldats étaient encore plus mal logés et plus entassés.

Les nuits étaient longues, il n'y avait guère que cinq heures de jour. On y voyait à peine, dans les maisons remplies de monde et éclairées par de rares fenêtres étroites. Sauf de bois pour faire du feu, nous manquions de tout. Il n'y avait pas de lumière. Nous devions examiner et soigner nos malades à la lueur de feux de copeaux. Il n'y avait ni charpie, ni toile. L'officier qui commandait les troupes put se procurer de la toile, mais e était sale, noire, grossière et provenait évidemment de chemises de paysans polonais. Pour obtenir des bandes plus longues, nous coupions l'étoffe jusqu'au milieu seulement, ce qui nous donnait des bandes incommodes et toutes coudées. Pour avoir de la charpie, il fallait en faire soi-même. Il n'y avait ni emplâtre, ni rien de ce qui est nécessaire pour faire un pansement selon les règles. Quant aux appareils à fractures, il fallait confectionner des attelles avec des éclats de bois.

Nous manquions presque complètement d'instruments de chirurgie. J'avais un bistouri que m'avait donné le docteur Witt, et Ducroix en possédait un, mais il cherchait à éviter toute opération. Par contre jamais bistouri ne me fut plus utile que celui-là. Il était remarquablement bon. Je n'exagère pas en disant que, rien qu'à Schützkof, il m'a servi à extraire environ deux cents balles et autres corps étrangers, à débrider autant de plaies, à inciser des trajets fistuleux, et à enlever bon nombre de parties gangrenées.

Nous n'avions aucun médicament. Les visites se bornaient donc à prescrire un traitement diététique, et à distribuer des paroles de consolation.

De bonne heure, bien avant le jour, nous allions panser les blessés et voir les malades. Le village se composait d'une longue rangée de maisons, avec des granges par derrière. Nous l'avions divisé en trois sections. Chacun de nous avait sa section et la visitait tous les jours, souvent deux fois par jour.

La plupart des officiers étaient discrets, polis, et reconnaissants. Ils étaient pleins de compassion pour mon état, et partageaient avec moi leur linge et tout ce qu'ils avaient. Ce qui me faisait le plus de bien, c'est le thé qu'ils m'offraient souvent pendant ma visite.

Le typhus des armées sévissait dans le village d'une façon effrayante. C'est nous, prisonniers, qui l'avions importé, car j'avais assisté à son apparition au camp de la Tchernichnya et le nombre des cas avait augmenté pendant la retraite. Cette maladie était si virulente que je n'exagère pas en disant que la moitié de ceux qui en étaient atteints mouraient. La mortalité était encore plus élevée chez les prisonniers.

Parmi ceux qui devaient mourir, il y avait un sous-officier prisonnier, que Ducroix connaissait depuis longtemps. Il avait eu à Smolensk, au mois d'août, le genou droit broyé par un boulet; il fut amputé et guérit. Invalide désormais, il fut fait prisonnier pendant la retraite, près de Bobr, avec un transport de malades, et amené à

Schützkof. Là, sa cicatrice s'était rouverte ; la peau et les muscles s'étaient rétractés ; l'os faisait saillie, noir et laid. Le malade était extrêmement amaigri. Il était tout noirci par la fumée et la poussière. Il avait la fièvre, mais il n'avait pas perdu connaissance. Il demandait souvent à Ducroix : « Comment se fait-il que je sois en proie à de pareilles souffrances et que j'en sois réduit à une telle misère ? » Un jour, Ducroix lui répondit : « Puisque vous me posez toujours la même question, je vais vous dire ce que je pense ! Le ciel nous tient compte, tôt ou tard, de nos bonnes et de nos mauvaises actions. Il me semble que l'heure est venue pour vous d'expier le meurtre cruel que vous avez commis en Styrie. Dans l'état où vous êtes, ni notre science, ni votre vigueur physique ne peuvent vous sauver. Priez Dieu qu'il vous remette vos péchés, car il peut vous rappeler d'un moment à l'autre ! Soudain, je vis cet homme si rude se mettre à trembler d'épouvante. » Quelques jours après, il était mort.

Je me rappelais encore très bien, moi aussi, cette histoire de son meurtre. Peu après la bataille de Wagram, comme nous marchions vers Fiume, ce sous-officier avait tué un jeune boulanger, dans un village, parce qu'il ne lui avait pas donné assez vite le pain qu'il réclamait, et ne l'avait pas servi le premier. Cet acte de brutalité fit scandale. On instruisit immédiatement son procès. Il resta prisonnier et aux fers pendant un an. Pourquoi on le gracia par la suite, c'est ce que je n'ai jamais su.

Mes nouvelles occupations et la bonne nourriture que j'avais maintenant m'avaient très bien remis. J'engraissais, je prenais des forces, je retrouvais ma gaieté. Je me demandais souvent comment il se faisait que je revienne à la santé, pendant que tant de malheureux mouraient autour de moi. Je n'oubliais pas d'en remercier la Providence, tout en me rappelant les mots de Hufeland : qu'un sentiment particulier de bien-être est souvent le signe précurseur d'une maladie.

Un matin, au moment des fêtes de Noël — style russe — j'étais parti de bonne heure, comme d'habitude, je me sentais bien disposé et en train. J'étais allé à l'extrémité ouest du village et j'avais fait une partie de mes visites, quand je me sentis subitement souffrant. Cela m'avait pris avec la rapidité de l'éclair. Mes forces m'abandonnèrent, je tombai par terre et perdis connaissance. Tout ce que je me rappelle, c'est que deux soldats russes me transportèrent chez moi.

On me déposa sur un lit de camp, avec du foin et de la paille. Pendant plusieurs jours j'eus le délire.

En janvier 1813, la phase aiguë de la maladie était passée. Un jeune médecin français vint voir Ducroix et manifesta la plus grande surprise de constater que j'avais résisté sans médicaments. Il m'administra je ne sais combien de gouttes d'alcool de menthe sur du sucre. Je crus en mourir. J'avais l'impression d'avoir absorbé du métal en fusion. Je me tordais comme un ver, et personne ne me tendit une gorgée d'eau. C'était à rendre fou. Enfin, ma torture s'apaisa et je me sentis revenir à la vie.

Mon domestique russe, qui me soigna admirablement pendant ma convalescence, et qui remplissait sa tâche non seulement en homme, mais en chrétien, priait souvent. Quand il avait fini sa prière en allemand, il en disait une autre qu'il avait apprise des Russes, pour implorer ma guérison.

Je ne me remis que très lentement, et longtemps encore je me demandais si je ne conserverais pas des lésions du côté des yeux et des oreilles. Je passais des nuits sans dormir, et c'était une vraie torture pour moi.

Vers la fin de février 1813, ma convalescence

était en si bonne voie, que je pus reprendre une vie active. Environ 5oo de nos blessés et de nos malades étaient guéris, et attendaient leur départ. Tout s'était amélioré; les vivres étaient plus abondants et plus variés, on avait reçu les médicaments les plus indispensables et quelques instruments. Le commandant de Borizof nous avait donné de la charpie et des objets de pansement. Maintenant on trouvait dans notre village du lait, du beurre, du vin, de l'hydromel. La gaieté revenait.

A la fin du mois de mars, le nombre de nos malades avait beaucoup diminué. 5oo Russes guéris furent envoyés à l'armée en deux transports, et les prisonniers guéris furent conduits à Polotsk.

La façon dont j'avais su me rendre utile aux officiers et aux soldats russes, ainsi qu'aux prisonniers, avant ma terrible maladie, m'avait fait une réputation excellente. Je fus très demandé par la noblesse des environs. Le commandant de Borizof, lieutenant-colonel de Schwistchzin, alors commandant de la milice moscovite, entendit parler de moi et me fit passer à l'hôpital général de cette ville, en avril 1813. Je devins alors son médecin. Toute la noblesse de la région, et les officiers de Borizof suivirent son exemple. Il en résulta toute sorte d'avantages pour moi. Je pus me rendre encore plus utile, et ma réputation augmenta. Je reviendrai sur ce sujet en terminant.

Tel est le récit exact de ce que fut pour moi cette année 1812, la plus mémorable de toute mon existence. J'échappai aux sabres, aux piques, aux lances, aux flèches, aux boulets. Je résistai au froid et au typhus. Aussi, puis-je dire avec Gellert :

« C'est à toi qu'appartiennent l'honneur et la gloire. Et la gloire et l'honneur te reviennent, Seigneur, tu as constamment dirigé ma vie. Et ta main était sur moi. »

CHAPITRE V

LE SÉJOUR A BORIZOF

Je pris possession de mon nouveau poste huit jours avant Pâques, en 1813. L'épouvantable guerre était terminée, dans la région, depuis le mois de novembre, mais les traces n'en étaient pas effacées.

On les retrouvait partout, aussi bien à l'intérieur des maisons qu'à l'extérieur, dans les logements des officiers, dans les vieilles demeures familiales, dans les rues, sur les places de la ville. La place du marché regorgeait de canons, de fourgons, de voitures de bagages et de munitions, pris à l'ennemi. Les rues étaient encombrées de matériel de guerre abandonné, que la neige en fondant laissait à découvert, et fourmillaient de soldats russes appartenant à l'armée ou à la milice ; de prisonniers de toutes les nations, avec leurs vêtements en lambeaux ; de juifs sordides exerçant leur commerce, et de paysans qui apportaient leurs produits au marché.

Ici, comme dans les villages, on était très occupé à recueillir et à rassembler les armes abandonnées par l'ennemi, à brûler des monceaux de vêtements, des harnais, du matériel de toute sorte, et à réorganiser les maisons pour les habiter à nouveau.

J'étais débordé, tant par mes malades militaires que par mes malades civils. Je ne veux pas m'étendre sur tous les cas intéressants que j'eus à examiner, cela nous entraînerait trop loin. Je choisis à dessein d'autres sujets, et je veux raconter certains événements auxquels j'ai été mêlé ou qui se sont passés autour de moi.

En traversant Borizof, le 26 novembre, avec ce qui restait de la Grande Armée, j'avais remarqué une maison de pierre à un étage, qui se dressait sur la place du marché, parmi les maisons de bois. Pendant la guerre, cette maison avait été convertie en hôpital par les Français. Après la guerre, les Russes y transportèrent les femmes, les jeunes filles et les enfants qui avaient été faits prisonniers avant et pendant le passage du fleuve. Leur nombre s'élevait à plus de 300. Qu'on se représente ces malheureuses femmes, dont les maris étaient morts ou captifs, seules, sans aucun secours, en pays étranger, souffrant du froid, de la faim ! Avec elles, des enfants de tous les âges, dont la plupart avait perdu leurs parents, et des jeunes filles venues à la suite des Français, de tous les pays d'Europe, surtout des grandes villes d'Allemagne, de Hambourg principalement. Elles étaient déjà malades, ou prédisposées à le devenir, et on les entassait dans un local où le typhus avait sévi d'une façon atroce.

Dans l'état où elles se trouvaient, elles ne pouvaient même pas s'entr'aider. Pour comble d'infortune, le feu prit à la maison dans la nuit de Noël, et tous ceux qui ne purent se sauver eux-mêmes furent brûlés. Un certain nombre échappèrent à cette horrible mort. Les femmes et les filles rencontrèrent des personnes compatissantes qui leur offrirent l'hospitalité jusqu'à la paix, ou leur procurèrent des places, et les enfants furent adoptés par de braves gens.

Cela surprenait les Polonais et les Russes, de voir tant de femmes et d'enfants dans l'armée des alliés. Il n'y en avait pas chez eux. Comme ils me questionnaient, je leur répondis que, parmi les troupes allemandes, on autorisait la présence de deux ou trois femmes par compagnie ou par escadron, et que ces femmes avaient pour mission d'entretenir le linge des hommes et de distribuer des vivres pendant les marches, mais qu'elles avaient montré moins d'empressement à venir en Russie qu'elles n'en avaient manifesté dans d'autres guerres, et que leur nombre, en somme, était faible si l'on considérait la quantité de troupes qui se trouvaient réunies.

Un jour, je fus attiré dans une maison par le bruit d'une querelle entre une Juive et un Allemand, qu'à son dialecte je reconnus pour être un compatriote. Je me trouvai en présence d'un homme jeune, portant l'uniforme russe. Il s'appelait Weikard. Il était fils d'un médecin. Il était né à Heilbronn et avait été élevé en Russie. Il avait été engagé comme guide de colonne dans le corps de cavalerie russe du comte de Lambert, et avait eu les doigts de pied gelés pendant les grands froids de novembre. Il avait assisté à l'engagement qui avait eu lieu, le 21 novembre, entre les Polonais, les Français et les Russes. Il avait vu le 7ᵉ régiment würtembergeois, venu de Dantzig, arriver près du pont, où il subit des pertes considérables. Quelques jours après, je me fis raconter le combat sur place. Il me conduisit devant les décombres d'une maison ravagée par le feu, où l'on voyait des ossements humains calcinés. « C'est ici, me dit-il, qu'ont été apportés nos compatriotes blessés ou mis hors de combat par le froid. Le feu prit à la maison, et tous ceux qui ne purent s'échapper furent brûlés. »

Quand le printemps fut venu, séchant les chemins, mettant des feuilles aux arbres et faisant sortir le blé de terre, je réalisai, un dimanche, le plan que je m'étais tracé depuis longtemps d'aller voir à Studzianka l'endroit où Napoléon avait passé la Bérézina. Je partis de bonne heure, en compagnie d'officiers du génie, qui avaient été envoyés avec la mission de nettoyer le fleuve, de construire des ponts et une tête de ponts. J'étais accompagné aussi par un professeur de l'école cantonale, qui connaissait à fond la région et son histoire. Nous refîmes le chemin qu'avaient parcouru les débris de la grande armée, que j'avais pris moi-même, et qui passe par Staroï-Borizof.

Le village de Studzianka avait été complètement rasé, et remplacé par une végétation touffue, du plus beau vert. L'orge et l'avoine, répandues par les troupes pendant qu'elles stationnaient, avaient germé. Les restes d'un poêle ou d'une cheminée se voyaient par-ci par-là, entre les tiges déjà hautes. Il paraît qu'après le départ de l'armée, les habitants du village voulaient le reconstruire, mais ils en furent empêchés par un décret de l'Empereur Alexandre, d'après lequel le village de Studzianka devait être complètement rasé et ne plus exister à l'avenir. On voyait de grandes sépultures, aux deux extrémités de l'ancien village. L'une d'elles était située non loin de l'endroit où j'avais passé la nuit du 26-27 novembre. Elle était aussi haute qu'une maison de paysans, et toute entourée de sapins. D'après le professeur, cette tombe daterait, il y a cent ans, du passage très disputé du fleuve par les Suédois sous Charles XII. Il nous dit qu'on pouvait s'en assurer facilement, car il suffisait de gratter un peu pour voir apparaître des ossements.

La sépulture Est qui renferme nos compagnons de guerre tués en combattant ou morts de faim, de froid, et d'épuisement, est encore plus élevée, et occupe une plus grande surface. On évalue à plusieurs milliers le nombre des cadavres qui y furent enterrés.

Lorsque nous arrivâmes au bord du fleuve, à l'endroit où Napoléon avait fait établir les deux ponts pour le passage de son armée, un major du génie s'y trouvait avec un officier et plusieurs soldats. Il avait l'ordre de nettoyer le fleuve, et d'en extraire tout ce qui avait pu y tomber pendant la traversée. Il nous parla longuement du résultat de ses travaux. D'après les évaluations courantes, le fleuve a, en cet endroit, de 16 à 18 toises de large. La rive sur laquelle nous étions est escarpée et résistante, la rive opposée, au contraire, est plate et marécageuse, le courant n'y est pas rapide. Il avait été rempli sur une grande longueur, en amont et en aval, par des cadavres d'hommes et de chevaux, et tout ce qu'une armée peut traîner à sa suite. Il nous raconta que, pendant l'hiver, on avait retiré de la neige et de la glace beaucoup de cadavres et du butin de toute sorte, que, dans les forêts avoisinantes, on avait trouvé, assis auprès des arbres, des quantités de cadavres durcis par la gelée, et qu'on avait fait sur eux une ample moisson de montres, d'argent, de décorations, d'armes, d'épaulettes, etc.; que les paysans commandés pour ce travail avaient été contraints par leurs seigneurs à leur remettre toutes leurs prises. Lui-même, depuis son arrivée, avait vu retirer de l'eau des coffres, des valises, des porte-manteaux, des caisses. Il avait recueilli une quantité d'armes, de harnais, de batterie de cuisine. Ce fut, pour les juifs de Borizof, l'occasion de faire de bonnes affaires, bien que la plupart des armes dussent être remises à la couronne.

Cet officier avait aussi fait retirer de l'eau des canons et des équipages : mais il en restait encore beaucoup qui s'étaient enlisés dans les marais et avaient disparu sous l'eau. Il nous reçut dans les baraques qu'il avait fait construire, pour lui et son détachement, avec les débris du pont et du village, et nous offrit à déjeuner. Son butin aurait eu de quoi nous rendre envieux. Il avait trouvé, dans des coffres ou des caisses, des lingots d'argent de grande dimension et très lourds, de l'or, des pierreries, etc. Les soldats y avaient trouvé aussi leur compte. Ils nous montrèrent des montres, des bagues, des monnaies d'or et d'argent, et des vêtements, qu'ils s'étaient appropriés. L'officier me fit cadeau d'une épée, d'un sabre, et d'une selle anglaise.

Nous explorâmes les maisons. Il y restait encore beaucoup d'armes, des lambeaux de vêtements, des casques, des képis, des casquettes, des papiers, des livres, des cartes, des plans. Je trouvai des brevets d'officiers, des certificats de décès concernant les troupes auxquelles j'appartenais, et que je remis deux ans plus tard à l'ambassade de Saint-Pétersbourg.

Ma clientèle civile m'appelait souvent à Zembin et au delà, sur le chemin qu'avait suivi Napoléon avec les débris de son armée pour se rendre à Wilna. La petite ville de Zembin portait encore beaucoup de traces de dévastation. Quant aux villages incendiés, il n'en restait que les poêles et les cheminées, pour marquer l'emplacement des maisons de bois.

Dans l'été, j'eus l'occasion de passer la nuit à Zembin avec un propriétaire, qui était venu me chercher pour aller voir sa femme malade, à 80 verstes de Borizof. Nous logeâmes chez le pope. Le lendemain, comme nous nous étions remis en route, je m'aperçus de la disparition de mon porte-monnaie. Nous revînmes au bout de deux jours, et nous descendîmes de nouveau chez le pope. Il fit aussitôt comparaître ses gens. Un garçon de 17 ans, qui avait préparé notre lit (c'est-à-dire le foin sur lequel nous avions couché), avoua être l'auteur du vol. Alors, il se passa une scène comme je n'en avais jamais vue. Le pope alla chercher un knout, fit enlever sa veste au garçon, le fit mettre à genoux, et lui administra, d'une main vigoureuse, une volée de coups dont chacun était accompagné par ces mots : « Est-ce que tu n'as pas autant de pain qu'il t'en faut ? » Le pope s'échauffait et s'excitait de plus en plus, si bien qu'il dut s'arrêter de parler. Mon compagnon était ravi de cette correction ; moi, j'essayais de m'interposer entre l'exécuteur et la victime, pour mettre un terme aux cris déchirants de l'un et à l'ardeur toujours croissante de l'autre. J'y réussis enfin.

L'hiver suivant, je refis le même chemin avec ce même client. Il y avait plusieurs bandes de loups dans la neige, tout près de la grand-route, comme autrefois dans mon pays, des cerfs, des chevreuils et des sangliers. Il y avait aussi des traces d'ours, qui donnèrent quelque inquiétude à nos chevaux. J'eus ainsi la confirmation de cette légende, que l'armée avait été suivie par des loups.

Les travaux de reconstruction du pont furent poussés avec activité. On y employa beaucoup de prisonniers de toutes nations, et beaucoup de paysans des gouvernements voisins. Parmi les premiers, il y en avait un grand nombre qui avaient été pris l'année même à Bautzen, et surtout des conscrits würtembergeois encore pleins de force et d'entrain. Par un sergent-major du baillage de Göppingen, nommé G. F. Walz, j'eus des nouvelles de mes compagnons revenus vivants de Russie ; j'appris aussi la réorganisation des troupes et leur entrée en Saxe. Ce Walz s'était acquis, auprès de ses compatriotes, la considération due à un officier, et s'était rendu utile à tous par l'attention et le soin qu'il apportait à la distribution des rations et des salaires, aussi bien que par la tenue exacte de ses états. Avant son arrivée, j'avais déjà dressé une longue liste des Würtembergeois morts à Schützkow et à Borizof. Il m'aida à la compléter, en me signalant les nouveaux décès. Le chiffre en montait déjà à 160 quand il prit le typhus et mourut. Ses papiers me furent volés plus tard avec tout ce que je possédais. Je perdis par là même le moyen de rendre un véritable service à mon pays, en communiquant à qui de droit des documents certains, et en particulier des certificats de décès.

Un officier de notre garnison, le lieutenant-colonel de Swischzin, avait réuni, l'hiver précédent, tous les papiers trouvés en grand nombre à Studzianka : lettres, livres, cartes, plans, et les avait classés suivant les différentes langues. Les papiers allemands, que je lus à plusieurs reprises sur sa demande, ne contenaient que des ordres du jour aux régiments et brigades, des traductions de bulletins, etc. Les papiers français étaient plus intéressants. Il s'y trouvait des correspondances de maréchaux, leurs carnets de notes, même des lettres de Napoléon, adressées, les unes à sa femme, d'autres à ses ministres. Les premières prouvaient que l'Empereur savait être tendre, et les autres que, malgré les difficultés de cette retraite malheureuse, il s'occupait avec la plus grande attention de tout ce qui se passait en France. Le lieutenant-colonel avait pour auditeur un sergent français prisonnier, à qui les larmes venaient aux yeux quand on disait devant lui des choses dont son patriotisme pouvait être blessé.

Le lieutenant-colonel de Sassonow s'appliquait à me rendre mon séjour agréable. Il m'invitait tous les jours à sa table en me disant : « Venez, la plupart de mes officiers sont des Allemands ou parlent allemand, ils prennent leur repas chez moi, ils pourront causer avec vous et faire que vous vous plaisiez parmi nous. » Très aimablement, il amenait la conversation sur mes capacités médicales. Il avait dans son régiment le capitaine de Schilder, devenu depuis général de brigade, qui me donna à lire quelques poésies de Schiller. J'eus bientôt appris par cœur *la Cloche* et un certain nombre de ballades.

Je m'attirai aussi l'affection du gouverneur de la ville, Andréi Kirilitsch Schataloff, en le guérissant d'une ophtalmie et en le débarrassant de la fièvre intermittente. Il ne savait quelle amabilité me faire. Entre autres attentions, il me fit confectionner des vêtements neufs. Les officiers de la garnison, les fonctionnaires civils, le directeur et les professeurs de l'école cantonale, furent aussi on ne peut plus aimables et bienveillants. Tous voulaient améliorer mon sort, et avaient pour moi des prévenances infinies. Ils se préoccupaient même de me trouver une femme, et la blonde Panna Tekla aurait peut-être pu s'emparer de mon cœur, si je ne l'avais réservé déjà à une jeune fille de mon pays.

J'eus un jour la joie de voir arriver des troupes de la légion allemande formées en Russie, de prisonniers de toutes les provinces d'Allemagne, ces troupes rejoignaient l'armée des alliés, et traversaient Borizof. Elles passaient en plusieurs colonnes, et chantaient des lieders allemands. Je compris en cet instant les sentiments du Suisse exilé quand il songe au cor des pâtres et aux cimes neigeuses de son pays.

Je ne rencontrai pas de compatriotes parmi les officiers, et je n'en trouvai que peu parmi les soldats. Ils eurent trois jours de repos. Je pus causer avec les officiers, et constater qu'ils demeuraient encore fidèles à Napoléon. Presque tous me confièrent en secret qu'ils n'avaient pris du service que pour échapper à la captivité et pour repasser la frontière. Le second soir, je fis la connaissance du colonel qui commandait ces troupes. C'était un Allemand depuis longtemps au service de la Russie. Les officiers qui l'entouraient formaient un cercle très agréable. Trois d'entre eux s'étaient mariés, en captivité, avec de jeunes et jolies Russes qu'ils emmenaient en Allemagne. Le colonel était un homme extrêmement gai. C'était un grand ennemi de Napoléon et qui se considérait comme ayant pour mission de le tuer. Il disait très haut et avec exaltation : « Je veux délivrer l'Europe et le monde entier de ce tyran. Je le tuerai de ma main avec le poignard que voilà! » (Il sortait un poignard de sa poitrine). C'était le plus fervent des patriotes, et le plus grand admirateur de son empereur. Il disait de ses officiers : « Ils sont gagnés à la bonne cause. Il y a bien quelques exceptions parmi eux, mais je leur ferai entendre raison. Sinon, Dieu m'est témoin que je ferai un exemple! » Au bout de trois jours, les troupes quittèrent Borizof. Je les accompagnai de l'autre côté du fleuve, jusqu'à la tête du pont. Le bruit se répandit, plus tard, que le colonel avait tenu parole, qu'il avait fait fusiller deux de ses officiers à la frontière. Je crois savoir qui étaient ces deux-là.

Un soir, le baron de Korsak, régisseur en chef

des biens du prince Radziwill, et demeurant à Staroï-Borizof, eut la malchance, en rentrant chez lui d'être renversé et de se luxer l'épaule. On vint me chercher dans un traîneau attelé de trois chevaux. Je parcourus le chemin comme une flèche et arrivai un peu avant minuit. Je trouvai une nombreuse réunion de Polonais, assis en cercle et tenant un conseil de boyards. C'étaient des hommes âgés, d'aspect sévère, portant la moustache. Mon patient était au milieu d'eux.

La luxation fut réduite immédiatement, grâce à ma grande habitude et à l'habileté que j'avais acquise. La chose se fit aux applaudissements de l'assemblée, et à la grande joie du baron, qui avait cessé de souffrir et retrouvé l'usage de son bras. Suivant la coutume du pays, l'assistance formula des vœux, en langue polonaise, pour l'heureuse issue de l'opération, et les coupes circulèrent à plusieurs reprises. Les remerciements et les louanges qu'on me prodigua furent accompagnés de baisers sur les bras, les épaules, le front, et les joues, et de poignées de main cent fois répétées. On me retint pour la nuit. L'état du malade exigeait une visite quotidienne. J'allai le voir tous les soirs. Je trouvais toujours une réunion nombreuse, qui comprenait mes amis de la ville. J'eus bientôt de nouveaux malades dans la maison, et mes relations avec le cercle du baron prirent un caractère d'intimité et de confiance. La campagne de l'année précédente et celle qui se déroulait maintenant en Allemagne faisaient l'objet de nos conversations. Je fus à même de bien connaître l'opinion des Polonais en matière politique. Leur fidélité envers Napoléon était absolue. Ils gardaient le ferme espoir de le voir revenir, espoir si tenace qu'ils affirmaient parfois avoir entendu le bruit de son canon dans le lointain.

La maison renfermait maintes dépouilles de l'armée française. Le baron avait une collection d'armes dans son cabinet. Je vis employer ici pour la première fois avec succès les moulins à bras, en fer, que Napoléon avait fait envoyer de France pour l'armée. C'est ici, aussi, que ma décoration perdue fut remplacée.

Le baron de Korsak avait remarqué depuis longtemps un petit morceau de ruban noir et jaune à la boutonnière de ma redingote, et m'interrogeait souvent sur la dimension, la forme, et tous les signes extérieurs de ma décoration, sur les circonstances dans lesquelles je l'avais obtenue et celles dans lesquelles je l'avais perdue. Enfin, il me demanda si elle portait une inscription, et comme je lui répondais : Oui! *Bene merentibus*, il me conduisit dans son cabinet et ouvrit une commode qui renfermait une incroyable collection de décorations de presque toutes les nations ayant pris part à la guerre. « Si, dans ces décorations, vous en trouvez une qui puisse remplacer celle que vous avez perdue, je me ferai un plaisir de vous l'offrir. » Parmi les cinq décorations militaires würtembergeoises que renfermait la collection, j'en pris une à laquelle pendait encore le ruban jaune et noir. M. de Korsak s'était procuré ces décorations de la façon que j'ai indiquée plus haut. Il demeurait près de l'endroit où s'était effectué le passage du fleuve. La plupart des habitants, étant ses sujets, étaient tenus de lui apporter ce qu'ils trouvaient. De plus, il achetait beaucoup de choses aux Cosaques et aux soldats russes.

Un soir, je rentrais très fatigué à la maison. C'était jour de sabbat chez les Juifs. J'étais seul. Mon hôtesse juive lisait dans la pièce voisine, et, sans faire attention à ce qu'elle lisait, j'eus la surprise de constater que c'était de l'allemand. Je devins plus attentif, et je reconnus bientôt qu'elle lisait la Bible, les livres de Moïse. La langue qu'elle employait était absolument correcte, je comprenais mot pour mot tout ce qu'elle disait, comme si je le connaissais déjà. Lorsqu'elle eut fini la partie historique, elle lut les proverbes de Salomon, et termina par quelques psaumes de David, comme si elle priait. La minceur de la cloison de planches qui séparait ma demeure de celle de la famille juive m'avait valu cette aubaine, et m'avait permis de constater que la langue allemande s'était conservée avec toute sa pureté dans les prières du peuple juif.

Lorsque mon hôtesse se fut tue, j'allai la trouver pour me faire montrer la Bible dont elle s'était servie. Elle était encore sur la table. Elle était écrite en caractères hébraïques. Quand le mari rentra, je lui demandai de me lire de l'allemand dans la Bible. Le jour suivant, je demandai la même chose au receveur des postes et à d'autres Juifs. Je me fis lire des lettres et d'autres livres, toujours écrits en caractères hébraïques, et je constatai que l'allemand qu'ils écrivent est aussi pur que celui qu'ils parlent est incorrect et incompréhensible. J'ai souvent vérifié ce fait pendant mon séjour en Pologne, en causant avec eux et en les questionnant. D'où viennent ces Juifs ? Comment la langue allemande s'est-elle conservée parmi eux ?

Dans quelles conditions s'est-elle mêlée à l'hébreu, comme je l'ai dit ? Je n'ai jamais entendu émettre à ce sujet que des hypothèses ne renfermant aucune vérité historique.

Une des questions qui intéressaient le plus les Russes et les Polonais de Borizof était de savoir lequel des peuples alliés avait le mieux supporté le froid et la faim pendant la guerre. Larrey conclut en faveur des Français, et, parmi les Français, des méridionaux, mais je me suis convaincu par expérience que ceux qui s'étaient le mieux tirés d'affaire étaient les plus débrouillards et les plus habitués aux privations, à quelque nation qu'ils appartinssent. Par contre, les gens jeunes, inexpérimentés, débiles, ou paresseux, ou simplement enfants gâtés et habitués à se faire servir, restèrent pour la plupart en arrière dès le début, et ne purent supporter les chaleurs de l'été. Ceux qui survécurent furent les premiers à succomber pendant la retraite. Je dois avouer, pourtant, qu'au point de vue de la nourriture les Allemands étaient les plus exigeants. J'avais déjà observé au temps de ma jeunesse, pendant les campagnes du Rhin, que tandis que les Hongrois, les Bohémiens, les Croates se contentaient de pain, de viande, et d'eau-de-vie, les Allemands avaient besoin de café, de vin, et de rôti. Les Français, qui, en Allemagne, ne voulaient que du pain blanc surent très bien manger en Russie soit du pain noir, soit de la bouillie sans sel et sans graisse. Les Allemands avaient absolument besoin de sel et de saindoux. Plutôt que de s'en passer, ils préféraient les remplacer par de la poudre et du suif. Ce sont les Allemands qui s'habituèrent le plus vite au thé et autres mets étrangers. Les Français, même la Garde, se résignèrent tout de suite à manger de la viande de cheval, les Allemands attendirent que la nécessité les y forçât : encore y mettaient-ils beaucoup de façons. Les Polonais étaient certainement les moins difficiles. Au camp de Taroutino, ils furent les premiers à manger les chevaux tués ou crevés. Pendant la retraite, ils se précipitaient, comme les Français, sur les chevaux crevés.

Dans quelque circonstance qu'ils se trouvent, les hommes ont beaucoup de peine à changer leur manière de vivre. Ainsi, un Français fait prisonnier à Polotsk, demandait de l'eau pour étancher sa soif. Comme on lui apportait une terrine pleine d'eau, il réclama un verre, ce qui fit rire tout le monde. Moi-même, à Borizof, le 29 novembre, manquant de tout, je commençai par demander un mouchoir.

L'été se passa ainsi. Les habitants reprenaient leur gaieté, mais je n'étais pas à l'unisson. Malgré mes occupations, je pensais avec regret au pays. L'hiver vint. Les jours recommençaient à s'allonger, quand on apprit la signature de la paix avec l'Allemagne. Des prisonniers autrichiens traversèrent Borizof, pour regagner leur pays. Je demandai à mon tour à être libéré. On me répondit qu'on en référerait en haut lieu.

Ainsi qu'il arrive souvent, les services que j'avais rendus, et dont je peux parler sans me vanter, ne furent pas appréciés par tout le monde à leur juste valeur. La pénurie de médecins fit qu'on envoya à l'armée ou dans les hôpitaux de guerre des jeunes gens qui n'avaient pas encore achevé leurs études, et qui, nous considérant comme des prisonniers, se croyaient obligés de nous traiter avec mépris. Je fus plus d'une fois peiné et blessé. Pour échapper à un pareil traitement, je demandai à l'autorité militaire de passer un examen et d'être envoyé dans l'une des villes du gouvernement les plus rapprochées : Wilna par exemple.

Cela se passait en été. Six mois après, à la fin de juillet 1814, je croyais que ma demande avait été oubliée, lorsqu'un beau jour l'ordre arriva de me transférer à Saint-Pétersbourg, à l'hôpital des troupes indigènes, comme commissaire ordonnateur. Je pourrais passer sur place un examen à l'Académie de médecine et de chirurgie. C'est alors que se manifestèrent les sympathies que je m'étais acquises à Borizof. De tous côtés, je reçus des invitations accompagnées de vœux et de cadeaux en argent ou en nature. Mon traîneau de voyage fut littéralement rempli d'objets de toute sorte. Je m'y installai avec un officier du génie allemand, et pris congé en pleurant des excellentes gens qui me faisaient leurs adieux les larmes aux yeux. Le temps était beau, la route était bonne. Nous ne mîmes que sept jours et sept nuits pour nous rendre à Saint-Pétersbourg.

Je pris immédiatement mon service à l'hôpital. Je me rendis au ministère de la guerre, où j'eus un entretien très sérieux avec le directeur du service de santé, le docteur Rusconi. La paix avait été signée, et je demandais à être élargi. Il me répondit que j'avais été appelé ici sur ma demande, pour passer un examen, qu'il fallait d'abord m'y soumettre, et qu'on verrait après. Il termina par des paroles fort aimables et une amicale poignée de main, en me disant : « Restez avec nous, je vous le conseille et vous n'aurez pas à le regretter ! » Je n'avais qu'à me soumettre, j'étais en son pouvoir ; il pouvait à son gré me garder ou me renvoyer.

Je me résolus à remplir le plus vite possible la formalité de l'examen. Je me rendis à l'Académie de médecine ; j'y trouvai l'érudit secrétaire, le docteur Orlay, homme excellent et très bienveillant aux étrangers grâce à l'intervention duquel je comparus peu de jours après devant un jury de professeurs. Je sortis victorieusement de l'épreuve, bien que je n'eusse pas ouvert un livre de médecine depuis deux ans.

Je reçus des félicitations qui me firent espérer une amélioration à mon sort. Je n'oublierai jamais les paroles flatteuses de l'érudit secrétaire devant la commission disant que, depuis trois ans, aucun étranger n'avait passé un aussi bon examen. J'obtins le diplôme de médecin russe qui me fut délivré sans aucuns frais.

Ni cette distinction, ni les bons procédés dont les Russes en avaient usé avec moi ici comme en Pologne ne m'avaient décidé à rester en Russie. Par l'intermédiaire de l'ambassade, je fis demander au roi de Wurtemberg à être rappelé et à reprendre du service, ou bien, si Sa Majesté le jugeait bon à obtenir l'autorisation officielle de rester en Russie.

A cette époque, le duc Alexandre de Würtemberg, gouverneur général de la Russie blanche, se trouvait à Saint-Pétersbourg. Je le priai de bien vouloir appuyer ma demande, mais le duc fut d'un autre avis et me dit : « Vous avez assez souffert. Puisque vous êtes au calme maintenant, restez donc ici ! »

Je reçus la même réponse des amis auxquels j'avais écrit en Würtemberg, en leur demandant d'intercéder en ma faveur pour obtenir que je reprenne du service. Enfin la réponse de Sa Majesté parvint à l'ambassade.

« Frédéric, par la grâce de Dieu roi de Würtemberg, duc régnant de Souabe et de Teck, etc.

« Le médecin major von Roos, de notre 3e régiment de chasseurs à cheval, actuellement prisonnier de guerre en Russie, par une supplique datée de Saint-Pétersbourg, le 5 juin de la présente année, nous ayant demandé, etc. ;

« Nous faisons à Roos la grâce de lui permettre de prolonger son séjour en Russie, et nous vous chargeons de lui faire connaître notre décision. »

Donné à Stuttgart, le 22 août 1814.
Ad mandatum Sacrae regiae Majestatis.
Signé: Baron de Linden.

Je pris la résolution définitive de rester.

J'avais écrit, de Borizof, aux parents qui me restaient pour leur donner de mes nouvelles :

mais la lettre s'était perdue, et des camarades de mon régiment leur avaient affirmé avoir vu mon cadavre sur la route de Wilna.

Le bruit de ma mort s'était si bien accrédité que non seulement mon nom avait été rayé des contrôles, mais qu'une lettre de faire part avait été envoyée par les miens aux journaux.

La joie et la surprise n'en furent que plus grandes, quand mes parents et mes amis apprirent que j'étais vivant.

Dans l'été de 1815, les journaux russes publièrent un article émanant de la couronne de Würtemberg, par lequel tous les sujets würtembergeois restés en Russie après la campagne de 1812, devaient rentrer dans leur pays, sous peine de voir leurs biens et leurs titres confisqués.

Après la lecture de cet article, je demandai à être relevé de mes fonctions, ce que j'obtins. Ma carrière de médecin militaire en Russie prit fin, par là même, au mois de septembre.

Je remplis mes devoirs de sujet. Je mandai au roi que je m'étais soumis à son décret, que j'avais donné ma démission, et que j'étais prêt à rentrer au pays. Je sollicitais un emploi militaire ou civil, à moins qu'on voulût bien me renouveler l'autorisation de rester en Russie.

Mon service d'hôpital m'avait laissé assez de

loisirs pour écrire à tous mes amis d'Allemagne et à mes camarades de régiment. Parmi les réponses que je reçus, la plus intéressante est celle de mon collègue Huber, qui me renseignait sur son sort de la façon suivante :

« Peut-être vous rappelez-vous que, peu après notre départ de Moscou, j'avais reçu l'ordre d'y retourner avec un transport de malades, au moment où le régiment avait à traverser un fleuve dont j'ai oublié le nom, et que Hafner vint m'y retrouver plus tard. Au bout d'un certain temps, voulant rejoindre le régiment avec huit chasseurs à cheval, nous nous joignîmes à un transport de vivres muni d'une escorte. A environ trois lieues de Moscou, nous fûmes attaqués par un groupe de paysans à cheval et armés à la cosaque. Un de nos chasseurs fut tué et deux autres furent blessés. Il fallut, *nolens volens*, faire usage de nos épées rouillées, pour nous défendre. Nous eûmes la chance de nous emparer de l'un des pseudo-cosaques, auquel nous rendîmes la liberté quand nous eûmes été secourus par de l'infanterie française. Nous restâmes ensemble jusqu'à la Bérézina. Là, nous fûmes séparés par l'effroyable confusion qui régnait. Mon cheval fut tué par un boulet après le passage du pont, mais je pus me rendre à pied jusqu'à Wlozlawsk sur la Vistule, où s'opéra le rassemblement de notre corps. J'y attrapai le typhus, dont je ne me suis guéri qu'après mon retour au pays.

« Mais je ne veux pas vous fatiguer par le récit des misères que nous avons endurées pendant la retraite. Je ne pourrais d'ailleurs vous les retracer que d'une façon très incomplète. Sachez seulement que j'en eus ma part aussi large que possible.

« Il faut que je vous raconte une scène à laquelle j'ai assisté au moment du passage de la Bérésina, et qui mériterait d'être immortalisée par le pinceau de Raphaël. J'en frissonne encore :

« Une jeune et jolie femme de 25 ans environ, mariée à un colonel français, avait perdu son mari dans un combat, quelques jours auparavant. Elle était à cheval près de moi, attendant son tour. Indifférente à ce qui se passait autour d'elle, elle semblait concentrer toute son attention sur sa fille, une jolie enfant de quatre ans, qui était sur le même cheval qu'elle. Elle avait tenté vainement de franchir le fleuve, et paraissait en proie au plus sombre découragement. Elle ne pleurait pas, son regard était fixe et dirigé tantôt au ciel, tantôt sur sa fille. Je l'entendis murmurer : « Mon Dieu ! faut-il que je sois assez misérable ! je ne peux même pas prier ! » Au même instant, un boulet l'atteignait à la jambe, au-dessus du genou, et son cheval s'abattait. Alors, avec la tranquillité du désespoir, elle embrassa son enfant qui pleurait, défit sa jarretière trempée de sang, et l'étrangla. Puis, serrant le cadavre dans ses bras, elle s'étendit à côté de son cheval, et, sans une plainte, elle attendit la mort. Peu après, elle fut piétinée par les chevaux de ceux qui se pressaient vers le pont.

« Après mon retour au pays, j'étais à peine guéri qu'il me fallut repartir avec un régiment de cavalerie. M. Holderle, nommé médecin-major à votre place, fut tué dans un engagement sur l'Elbe ; je le remplaçai. Hafner a été tué à Bautzen. Pendant la campagne de France, j'ai eu l'honneur d'être attaché à S. A. R. le Prince héritier, notre roi actuel, etc. »

Huber.

Lauterbourg, en Alsace, le 30 octobre 1817.

Depuis 1815, j'ai quitté l'armée pour rentrer dans la vie civile: mais dans l'une et l'autre période de mon existence, c'est-à-dire pendant 32 ans, je me suis adonné à la médecine et j'espère bien pouvoir continuer longtemps encore.

J'ai servi sous un Duc, plusieurs Électeurs, un Roi, trois Empereurs et deux Impératrices, mais je n'ai servi que deux États. J'ai vu la plupart des souverains et les hommes les plus considérables de mon temps. J'ai fait les campagnes les plus remarquables de Napoléon et celles qui ont précédé son avènement. J'ai parcouru à cheval presque toute l'Europe, vivant tantôt dans le bien-être et l'abondance, tantôt dans les privations. Au chevet des malades, comme au milieu des dangers, j'ai appris qu'il n'est pas difficile de mourir quand on a la conscience tranquille.

J'ai appris à connaître la vie humaine sous toutes ses formes, pendant la guerre et pendant la paix : la vie monacale au fond des cloîtres, la vie de souffrance pour les uns, d'activité pour les autres, dans les hôpitaux dans lesquels j'ai passé 32 ans. J'ai vu de près la pauvreté dans les huttes des paysans, le dur labeur des hommes dans les fabriques, les vignes et les champs, l'activité des commerçants, celle des élèves et des maîtres dans toutes les branches de l'enseignement, sciences et arts, celle des riches et celle des pauvres.

> Et de toutes ces conditions,
> Aucune ne m'a plu comme la mienne.
> Elle m'a permis d'être constamment honnête
> Et de ne pas faiblir devant le danger.

Les hommes, avec toute leur diversité, se ressemblent beaucoup. Je réserve mon admiration à ceux en qui dominent la bonté, la solidité d'esprit, le courage dans les entreprises, le sérieux dans l'action, l'endurance dans les épreuves et le danger, la délicatesse de conscience, à ceux qui sont compatissants, indulgents au prochain et à ses opinions, et mesurés dans leurs désirs.

Jamais je ne me suis incliné devant ceux qui n'avaient pas ces qualités. Jamais je ne m'en suis laissé imposer par le guerrier à grand cordon et à favoris, dont les yeux semblent lancer la foudre; qui joue au héros et raconte ses hauts faits devant les curieux et les ignorants, en faisant sonner ses éperons et traîner son épée — (j'ai souvent rencontré ce type d'hommes en arrière du front de bataille ou dans les voitures de bagages). — Je ne m'en suis pas laissé imposer par le serviteur de Dieu qui arrache des larmes, remue et gagne les cœurs et les âmes avec de douces paroles, des manières pleines d'onction et des gestes mesurés, et qui, en rentrant chez lui, ses vêtements d'église enlevés, redevient un homme comme les autres. Je n'ai pas d'estime pour le médecin dont le visage grave et important semble promettre l'immortalité à ses malades, et qui ne sait que rédiger des ordonnances. Je n'estime pas davantage le juriste qui ne connaît le droit et ne distribue son savoir qu'argent comptant ou en vue d'un avantage certain. Et je n'estime pas le fonctionnaire qui regarde sa fonction comme son bien et ne considère que les profits qu'il en peut tirer. Enfin, je n'estime aucun de ceux qui ont un masque sur la figure et veulent paraître ce qu'ils ne sont pas, à quelque milieu qu'ils appartiennent. Il en existe malheureusement dans tous les pays.

La terre serait un paradis si la Providence n'avait pas laissé l'orgueil s'installer parmi nous. Sans lui, la vie serait belle et bonne, sans amertume et sans tristesse ; c'est lui qui cause l'envie, la haine, l'hyprocrisie, la jalousie, l'indiscrétion, la hâblerie, l'imposture, le mépris du prochain. C'est le chemin qui mène au crime.

Le meilleur bien de la terre est d'avoir des amis loyaux et sûrs — des amis vertueux.

L'homme porte le bonheur en lui-même ; ceux qui vont le chercher bien loin se trompent.

> Ne cherche pas la douce paix
> Dans le flot mouvant et illusoire de la vie !
> Regarde si tu ne la possèdes pas en toi !

Ceux qui sont tentés de contester cette vérité et de se demander où demeurent les gens heureux et quels ils sont, peuvent relire les dernières pages de J.-Ch. Reil, les pages par lesquelles il a terminé sa belle carrière d'écrivain. Les mots du poète traduisent bien ma pensée :

> Après avoir contemplé le spectacle du monde,
> Tu rentres plus riche en toi-même ;
> Car celui dont l'esprit a tout embrassé
> Sent la tempête s'apaiser dans son cœur.

FIN

TABLE DES MATIÈRES

Préface de T. de Wyzewa v

PREMIÈRE PARTIE

DU DANUBE AU NIÉMEN ET SUR LES BORDS DE LA NARA

	Pages.
CHAPITRE PREMIER. — L'Adieu a la Patrie et la marche du Danube a l'Oder.	1
— II. — De l'Oder a la Vistule et au Niémen	7
— III. — Du Niémen a la Dwina. — Les premières batailles . . .	20
— IV. — Le Combat d'Inkowo. . . .	40
— V. — Smolensk. — En route vers Moscou	48
— VI. — La Bataille de Borodino. .	62
— VII. — A Moscou	80
— VIII. — Le Départ de Moscou. — Sur la Pachra et sur la Nara.	94

DEUXIÈME PARTIE

LA RETRAITE

Pages.

CHAPITRE PREMIER. — En retraite. 123
—   II. — La fuite vers Smolensk. . 141
     III. — De Smolensk jusqu'a Orcha. 166
—   IV. — La Bérésina. — Au service des Russes . . 183
—   V. — Le séjour à Borizof . . 224

3300. — Tours, imprimerie E. ARRAULT et Cⁱᵉ.

www.ingramcontent.com/pod-product-compliance
Lightning Source LLC
Chambersburg PA
CBHW071416150426
43191CB00008B/931